I0118005

AUTÓNOMOS

ACTUALIZADO 2023
COTIZACIONES POR INGRESOS REALES

BORJA PASCUAL

www.autonomos.guiaburros.es

EDITATUM

© **EDITATUM**

© BORJA PASCUAL

Queda prohibida, salvo excepción prevista en la ley, cualquier forma de reproducción, distribución, comunicación pública y transformación de esta obra sin contar con la autorización de los titulares de propiedad intelectual. La infracción de los derechos mencionados puede ser constitutiva de delito contra la propiedad intelectual (art.270 y siguientes del Código Penal). El Centro Español de Derechos Repográficos (CEDRO) vela por el respeto de los citados derechos.

En la redacción del presente libro mencionamos logotipos, nombres comerciales y marcas de ciertas empresas u organizaciones, cuyos derechos pertenecen a sus respectivos dueños. Este uso se hace en virtud del Artículo 37 de la actual Ley 17/2001, de 7 de diciembre, de Marcas, sin que esta utilización suponga relación alguna del presente libro con las mencionadas marcas ni sus legítimos propietarios. En ningún caso, estas menciones deben ser consideradas como recomendación, distribución o patrocinio de los productos y/o servicios o, en general, contenidos titularidad de terceros.

Diseño de cubierta: © LOOKING4

Maquetación de interior: © EDITATUM

Primera edición: julio de 2017
Séptima edición: septiembre de 2024

ISBN: 978-84-946457-2-3
Depósito Legal: M-20251-2017

IMPRESO EN ESPAÑA/ PRINTED IN SPAIN

Te invitamos a registrar la compra de tu libro o *e-book* dándote de alta en el **Club GuíaBurros,** obtendrás directamente un cupón de 2 € **de descuento** para tu próxima compra.

Además, si después de leer este libro, lo has considerado como útil e interesante, te agradeceríamos que hicieras sobre él una **reseña honesta en cualquier plataforma de opinión** y nos enviaras un *e-mail* a **opiniones@guiaburros.es** para poder, desde la editorial, enviarte **como regalo otro libro de nuestra colección.**

Sobre el autor

Borja Pascual es presidente de la Asociación Nacional de Nuevas Empresas, *Roamers*, Emprendedores y Autónomos, aNerea. Es fundador y CEO de Gruporum, grupo de empresas dedicadas a ofrecer servicios profesionales.

Dirige "Mundo Emprende", el portal de comunicación referencia para pymes y autónomos y dirige y presenta desde hace varios años el programa de radio del mismo nombre, líder de audiencia con más de 159 000 oyentes. Colabora habitualmente en diferentes medios de comunicación.

Informático de profesión, pero siempre más interesado en la gestión de proyectos, en la comunicación y el *marketing*, en el desarrollo de nuevos canales, en la gestión de objetivos y en el desarrollo de nuevas ideas y modelos de negocio.

Es autor de *Ahorra o nunca, cómo ahorrar y sacar el máximo partido a tus ahorros; Empresario o Emperdedor, 10 Errores que nunca debe cometer en su negocio; GuíaBurros: Emprendimiento de guerrilla; GuíaBurros: Autónomos; GuíaBurros: El Arte de la Prudencia; GuíaBurros: Las ocho disciplinas del Dragón; GuíaBurros: Sociedades limitadas, GuíaBurros: Diccionario de Marketing; GuíaBurros: Modelos de Negocio y GuíaBurros: Ventas Online,* todos de la editorial Editatum y de *Cómo montar un negocio online* de la editorial Almuzara.

Agradecimientos

Agradecer a la editorial Editatum por haber confiado en mí para escribir este GuíaBurros: Autónomos.

A todos los socios de aNerea por ayudarme con su ideas y puntos de vista.

A mi familia y amigos por todo ese tiempo que les he tenido que quitar para escribir esta guía.

A mis compañeros de trabajo que tantas horas me aguantan y que tanto me apoyan cuando decido emprender un nuevo proyecto.

A Gestorum por haber decidido patrocinar este GuíaBurros.

Y especialmente a María José Bosch y Sebastián Vázquez por tantos y buenos consejos.

Índice

¿Qué es un autónomo? 11

¿Quién debe darse de alta como autónomo? 13

Ventajas e inconvenientes de ser autónomo 17

Tipos de autónomos 26

Obligaciones del autónomo 31

Cotización Autónomos RETA 2023 73

Costes del autónomo 85

Subvenciones y ayudas 98

Alta del autónomo 109

Facturar como autónomo 114

Gastos deducibles 116

Contratación del personal 121

Desempleo del autónomo 127

Baja laboral del autónomo 129

Jubilación del autónomo 131

Otras prestaciones del autónomo 136

Baja como autónomo 140

¿Qué es un autónomo?

Definición básica

La definición oficial de un autónomo es:

"En España, un trabajador autónomo es la persona física que realiza de forma habitual, personal y directa, una actividad económica a título lucrativo, sin sujeción a contrato de trabajo, y aunque eventualmente utilice el servicio remunerado de otras personas para llevar a cabo su actividad."

Estamos hablando de una forma jurídica que permite a las personas individuales realizar una actividad económica propia.

Las principales diferencias entre un autónomo y un trabajador por cuenta ajena son:

• El trabajador por cuenta ajena está sujeto a la organización en la que trabaja, siendo esta quien marca cómo, dónde y cuándo se presta el trabajo, así como las condiciones de descanso y vacaciones.

Un trabajador autónomo es libre para organizar su trabajo.

- El trabajador por cuenta ajena recibe un salario pactado y fijo en doce, trece, catorce o quince pagas de manera independiente a los resultados del negocio en el que trabaja. Un trabajador autónomo factura por su trabajo y sus beneficios mensuales son su salario.

⚠️ **IMPORTANTE**

El autónomo facturará y será facturado con sus datos personales, nombre, DNI y dirección de la actividad y no contará con personalidad jurídica propia.

👁 **¡OJO!**

La responsabilidad del autónomo es ilimitada, responderá con sus bienes presentes y futuros de las actividades de su negocio, sin delimitación del patrimonio personal y el empresarial.

¿Quién debe darse de alta como autónomo?

Lo que dice la norma y a quién obligas

Si realizas de forma habitual, personal y directa una actividad económica a título lucrativo, sin sujeción a contrato de trabajo y aunque utilices el servicio remunerado de otras personas, seas o no titular de empresa individual o familiar es tu responsabilidad darte de alta en el Régimen Especial de Trabajadores Autónomos de la Seguridad Social (RETA) y comunicar cualquier cambio de datos así como la baja una vez finalices tu actividad.

Importante del alta en el RETA:

• Es única, aunque tengas diferentes actividades.
• Es compatible con otros regímenes, puedes trabajar por cuenta ajena y ser autónomo a la vez (pluriactividad).
• No depende de los ingresos que obtengas.

◉ ¡OJO!

Aunque existe jurisprudencia para ingresos menores al Salario Mínimo Interprofesional, el criterio de la Seguridad Social sigue siendo el mismo, sancionar. Deberás recurrir a la justicia ordinaria para reivindicar tu situación.

Es obligatorio estar dado de alta en el Régimen Especial de Trabajadores Autónomos de la Seguridad Social (RETA) en los siguientes casos:

👁 **¡OJO!**

La interpretación que se puede hacer del reglamento para definir la obligación o no de darse de alta en el RETA es, en muchos casos, complicada y depende del criterio, en cada momento y caso, de la Seguridad Social.

- Trabajadores mayores de 18 años, que, de forma habitual, personal y directa, realizan una actividad económica a título lucrativo, sin sujeción a contrato de trabajo.

- Cónyuge y familiares hasta el segundo grado inclusive (en el caso de trabajadores del Sistema Especial de Trabajadores Autónomos, hasta el tercer grado) por consanguinidad, afinidad y adopción que colaboren con el trabajador autónomo de forma personal, habitual y directa y no tengan la condición de asalariados.

- Los escritores de libros.

- Los trabajadores autónomos económicamente dependientes.

- Los trabajadores autónomos extranjeros que residan y ejerzan legalmente su actividad en territorio español.

- Profesionales que ejerzan una actividad por cuenta propia, que requiera la incorporación a un Colegio

- Profesional cuyo colectivo se haya integrado en el Régimen Especial de Trabajadores Autónomos.

- Los socios industriales de sociedades regulares colectivas y de sociedades comanditarias.

- Los socios trabajadores de las Cooperativas de Trabajo Asociado, cuando estas opten por este régimen en sus estatutos. En este caso, la edad mínima de inclusión en el Régimen Especial es de 16 años.

- Comuneros o socios de comunidades de bienes y sociedades civiles irregulares.

- Quienes ejerzan funciones de dirección y gerencia que conlleva el desempeño del cargo de consejero o administrador, o presten otros servicios para una sociedad mercantil capitalista, a título lucrativo y de forma habitual, personal y directa, siempre que posean el control efectivo, directo o indirecto, de aquella. Se entenderá, en todo caso que se produce tal circunstancia, cuando las acciones o participaciones del trabajador supongan, al menos, la mitad del capital social.

- Los socios trabajadores de las sociedades laborales, cuando su participación en el capital social junto con el de su cónyuge y parientes por consanguinidad, afinidad o adopción hasta el segundo grado, con los que convivan, alcance, al menos el cincuenta por cien, salvo que acredite que el ejercicio del control efectivo de la sociedad requiere el concurso de personas ajenas a las relaciones familiares.

💡 CONSEJO

Si tienes dudas sobre tu obligación de alta en el RETA, te recomendamos que consultes tu caso particular a un profesional o que lo hagas en la oficina de la Seguridad Social que corresponda.

Ventajas e inconvenientes de ser autónomo

No todo es bueno... ni malo

Ser autónomo tiene sus ventajas y sus inconvenientes según con lo que lo compares, por eso es importante que antes de tomar ninguna decisión tengas toda la información que necesitas.

Si vas a desarrollar una actividad económica te interesa conocer las diferentes formas jurídicas disponibles, con sus ventajas e inconvenientes para estar seguro que, lo que más te interesa en estos momentos, es hacerte autónomo.

Pero además, cada vez es más habitual plantearse, o que te planteen, cambiar la relación laboral con la empresa en la que trabajas por una mercantil, dejar de ser trabajador de la empresa para ser colaborador.

En las próximas páginas te informaremos de las ventajas e inconvenientes en cada caso para que puedas tomar la mejor decisión posible, pero, si aun así no lo ves claro, puedes solicitar asesoramiento personalizado en aNerea, asociación de autónomos sin ánimo de lucro.

Autónomo *versus* trabajador por cuenta ajena

Si te planteas o te han planteado la posibilidad de cambiar la relación laboral que actualmente tienes con tu empresa por una mercantil, estas son las cosas que debes saber para tomar una decisión:

inconvenientes 👎

1. **Los derechos**
   Como trabajador tienes una serie de derechos que como autónomo no tendrás, por ejemplo derecho a paro, derecho a indemnización y derecho a vacaciones.

2. **La cotización a la SS**
   La cotización a la Seguridad Social la paga la empresa que te tiene contratado y se calcula en función del salario. Como autónomo la tendrás que pagar tú y, normalmente, elegirás pagar el mínimo. A partir de 2023 se aplica la "Cotización por ingresos reales" que establece la cotización mínima que debes pagar como autónomo en función del rendimiento neto de tu actividad.

👁 **¡OJO!**

Si eliges pagar el mínimo, solo estarás cotizando por el mínimo para tu futura pensión.

3. **Las obligaciones**
Cómo autónomo deberás cumplir con tus obligaciones fiscales, las declaraciones de impuestos que te correspondan según tu actividad, y con las obligaciones contables, libro de facturas.

4. **La vinculación**
La vinculación de la empresa con el trabajador por cuenta ajena será siempre mayor que la que tendrá con un autónomo. Prescindir de los servicios de un trabajador tiene ciertas barrera que no existen como autónomo, donde solo te ligará un contrato mercantil con la empresa.

ventajas
👍

1. **Dependencia**
El autónomo es libre para fijar sus condiciones de trabajo y no dependerá jerárquicamente de la empresa para la que realiza los servicios.

2. **Multipagador**
El autónomo, a menos que así lo recoja el contrato mercantil entre ambos, no tendrá exclusividad y podrá realizar trabajos para otras empresas, diversificando así el riesgo de su actividad.

3. **Deducción de gastos**
El autónomo paga IRPF en función del beneficio obtenido en su actividad, no en función de su facturación.

Así pues, el autónomo podrá deducirse ciertos gastos relacionados con su actividad.

4. **Ajuste de cotización a la SS**

El autónomo, hasta el 2023, podía decidir que cotización quería realizar en cada momento de su vida y ajustar la cuota que debería pagar a la Seguridad Social. A partir de 2023 se aplica la "Cotización por ingresos reales" que establece la cotización mínima que debes pagar como autónomo en función del rendimiento neto de tu actividad.

Si lo que nos están ofreciendo es cambiar nuestra condición de trabajador por cuenta ajena por la de autónomo, debemos negociar lo siguiente:

- **Cantidad a cobrar:** para calcular la cantidad que deberemos cobrar como autónomo sin perder poder adquisitivo ni prestaciones futuras debemos tener en cuenta el sueldo BRUTO + la Seguridad Social que paga la empresa por nosotros.

- **El IVA siempre a parte:** es importante negociar la cantidad sin IVA, ya que el IVA deberemos pagárselo a Hacienda y no formará parte de nuestro salario.

- **Las vacaciones importan:** como trabajador tenías un mes cobrando sin trabajar, si ahora el mes de vacaciones no te lo van a pagar, deberás incrementar la parte proporcional de las mismas en la factura mensual.

- **La indemnización:** como trabajador, según pasan los meses vas acumulando ciertos derechos de indemnización. Utiliza este argumento para la negociación.

- **Material y localización:** si ya no vas a trabajar en las oficinas de la empresa, el material y las herramientas que necesitas te las proveerás tu mismo, otro argumento a tu favor para la negociación.

- **Seguridad de cobro:** como trabajador, existen mecanismos que te garantizan el cobro de los salarios, o al menos parte de ellos, aunque la empresa entre en suspensión de pagos. Sin embargo, como autónomo, deberás emprender procedimientos monitorios para exigir el pago de las facturas pendientes y lo tendrás bastante complicado para cobrar si la empresa cierra.

Si negocias bien, te encontraras con una "nómina" mensual mucho mayor que la que tenías como trabajador, pero es importante que no te engañes, seguramente estés cotizando menos que antes, te has prorrateado las vacaciones, no estás pagando para tener derecho a paro y deberás asumir ciertos gastos que antes no tenías.

Aun así, si consigues algún otro cliente y nuevos encargos, estarás generando más ingresos que cuando trabajabas por cuenta ajena.

Autónomos *versus* otras formas jurídicas

Si ya tienes claro que quieres trabajar por tu cuenta, debes elegir la forma jurídica que más te convenga y conocer las diferentes alternativas con sus ventajas e inconvenientes. Para no extendernos mucho vamos a repasar las opciones más comunes y dejamos el resto como documentación adicional que puede descargar en la página web de este GuíaBurros: **https://www.autonomos.guiaburros.es/**

Autónomo *versus* sociedad civil

La Sociedad Civil es un contrato privado entre dos o más personas para realizar conjuntamente una actividad con ánimo de lucro. Los socios pueden ser socios trabajadores autónomos, o socios capitalistas, que solo aportan capital al proyecto.

Diferencias

1. **Unipersonalidad.** El autónomo es individual, no puede tener socios trabajadores, ni capitalistas. La Sociedad Civil nos permite añadir socios a nuestro proyecto.

2. **Datos Identificativos.** El autónomo siempre se identificará y facturará con sus datos personales, nombre, DNI y dirección. La Sociedad Civil tiene una denominación propia y un CIF diferente al de sus socios.

3. **Responsabilidad.** El autónomo será responsable personal de su actividad económica y responderá por esta con su patrimonio presente y futuro. En la Sociedad Civil los socios, una vez liquidado el patrimonio de la sociedad, serán responsables de manera mancomunada de las deudas pendientes.

4. **Tributación.** El autónomo cotiza por IRPF derivado directamente del beneficio de su actividad, sin embargo, las Sociedades Civiles, desde el 1 de Enero de 2017, deben tributar por el impuesto de sociedades (IS).

⚖ Ley 27/2014 de 27 de noviembre

Esto puede significar importantes diferencias si nuestro negocio obtiene buenos beneficios, la escala del IRPF es progresiva y puede llegar hasta el 45-50 % dependiendo de la comunidad autónoma y el IS estará en un máximo del 25 %.

5. **Obligaciones.** El autónomo debe llevar una contabilidad básica, con un libro de facturas, sin embargo, desde la reforma del 2014, las Sociedades Civiles deberán presentar cuentas y libros en el Registro Mercantil.

⚖ Ley 27/2014 de 27 de noviembre

6. **Proceso de alta.** El autónomo procederá a su alta en Hacienda y Seguridad Social y ya podrá comenzar su actividad. Las Sociedades Civiles deben firmar un contrato de Sociedad Civil que será depositado en el

registro correspondiente de cada Comunidad Autónoma, y deberán solicitar en Hacienda el alta de actividad y un CIF propio. En ambos casos, autónomos y sociedades civiles, carecen de personalidad jurídica propia, pueden contratar personal laboral para ayudarles en su actividad, no existe capital inicial obligatorio y la responsabilidad es directa.

La Sociedad Civil permite al autónomo beneficiarse de las subvenciones en la cuota de la Seguridad Social que desde hace unos años se aplican en los primeros meses de actividad, la conocida como tarifa plana.

Autónomo *versus* sociedad limitada

La sociedad limitada es un sociedad mercantil con personalidad jurídica cuyo capital está dividido en participaciones iguales, acumulables e indivisibles, que no pueden incorporarse a títulos negociables ni denominarse acciones y en la que los socios no responden personalmente por las deudas sociales.

diferencias

1. **Unipersonalidad.** La Sociedad Limitada nos permite añadir socios a nuestro proyecto.

2. **Datos identificativos.** La Sociedad Limitada tiene personalidad jurídica propia, una denominación y un CIF diferente al de sus socios.

3. **Responsabilidad.** En las sociedades limitadas la responsabilidad de los socios está limitada al capital social.

4. **Tributación.** Las sociedades limitadas tributan por el impuesto de sociedades (IS).

5. **Obligaciones.** Las sociedades limitadas deberán presentar cuentas y libros en el Registro Mercantil.

6. **Proceso de alta.** Las sociedades limitadas deben constituirse mediante estatutos y escritura pública firmados ante notario y presentados posteriormente en el Registro Mercantil. Con los nuevos centros PAIT se puede constituir una Sociedad Limitada en 48-72h con tasas y aranceles de Registro Mercantil y notario muy reducidas.

⚠ **IMPORTANTE**

Aunque el capital mínimo con el que debe contar una sociedad limitada a efectos de responsabilidad es de 3 000 €, la aprobación de la Ley de creación y crecimiento de empresas, Ley Crea y Crece, permite la constitución de Sociedades Limitadas con la aportación de un único euro.

+INFO

GuíaBurros: Sociedades Limitadas

25

Tipos de autónomos

Cómo se clasifican por actividad, cotización y características especiales

En España hay más de tres millones de autónomos, de personas que cotizan en el Régimen Especial de Trabajadores Autónomos (RETA), siendo esta, en muchos casos, la única característica que los iguala. Hablamos de un colectivo muy heterogéneo, con grandes diferencias en el funcionamiento de la actividad, en el modo de tributar, en las obligaciones, e incluso desde el 2014, en las cotizaciones a la Seguridad Social.

Por tipo de actividad

1. **Trabajador Autónomo:** son los autónomos que cotizan en actividades empresariales del impuesto de actividades económicas y los que lo hacen en el grupo especial de artistas y deportistas. Hablamos de pequeños comercios, taxistas, peluqueros, talleres mecánicos, restaurantes, bares, etc. y las personas dedicadas a actividades deportivas o taurinas.

> **ⓘ DATO**
>
> Algunos trabajadores autónomos, si su epígrafe concreto y facturación se lo permiten, pueden cotizar IRPF e IVA por estimación objetiva, los famosos módulos.

2. **Profesionales autónomos:** cotizan en actividades profesionales del impuesto de actividades económicas y son, normalmente, profesionales liberales que trabajan por cuenta propia. Hablamos de arquitectos, abogados, médicos, etc.

👁 **¡OJO!**

Los autónomos profesionales pueden estar obligados a la colegiación en algunos epígrafes específicos. Algunos no cotizan directamente en el RETA, lo hacen a través de las mutualidades de sus colegios profesionales.

3. **Autónomos societarios:** son personas que, debido a su actividad y porcentaje de participación en una sociedad deben estar dados de alta en el RETA como autónomos, hablamos normalmente de administradores y gestores de sociedades mercantiles.

4. **Autónomos agrarios:** son los autónomos que cotizan en actividades agrícolas en el impuesto de actividades económicas, desde el 2008 cuenta con un régimen especial de cotización, el SETA, Sistema Especial para Trabajadores por Cuenta Propia Agrarios.

Por su cotización en el IRPF

1. **Autónomos por estimación directa:** son la mayoría de los autónomos, empresariales y profesionales. Se cotiza en el IRPF en función del beneficio de la actividad, ventas menos gastos.

   a. **Estimación directa simplificada:** para los autónomos que el importe neto de su cifra de negocio sea inferior a los 600 000 €. La gran mayoría de los autónomos están en esta situación.

   b. **Estimación directa:** para los que el importe neto de su cifra de negocio sea superior a los 600 000 € en el último ejercicio.

2. **Autónomos por estimación objetiva (MÓDULOS):** son los autónomos cuya actividad, epígrafe y volumen de negocio les permite tributar y así lo han decidido por este sistema. Se cotiza trimestralmente una cantidad fija calculada según la fórmula específica de cada epígrafe, que tendrá en cuanta diferentes elementos según la actividad.
   https://www.autonomos.guiaburros.es/

3. **Autónomos societarios por ejercer el cargo de Administrador:** los autónomos que perciben una remuneración por ejercer sus labores de administrador de una empresa tributarán por rendimiento del trabajo personal.

⚠ IMPORTANTE

El IRPF se "tributa" en forma de retención según las diferentes opciones para después, en la declaración de la renta generar el resultado final del impuesto.

Por características especiales

Si la clasificación la hacemos por características especiales del autónomo tendremos:

1. **Trabajadores Autónomos Económicamente Dependientes (TRADE):** aquellos autónomos, trabajadores o profesionales, que facturan a un solo cliente el 75% o más de sus ingresos.

   👁 ¡OJO!
   Deben firmar un contrato TRADE con la empresa donde se recojan las condiciones de vinculación y registrarlo en el SEPE, Servicio Público de Empleo Estatal.

2. **Autónomos colaboradores:** cónyuge y familiares de autónomos hasta el segundo grado de consanguinidad que colaboren en el negocio habitualmente.

   ⚠ IMPORTANTE
   El autónomo colaborador tributa del mismo modo que un trabajador por cuenta ajena, no presenta impuestos trimestrales.

3. **Socios trabajadores de cooperativas** de trabajo asociado que hayan optado por cotizar en el régimen especial de trabajadores autónomos.

4. **Los comuneros o socios de comunidades de bienes y sociedades civiles irregulares.**

5. **Los socios industriales de sociedades regulares colectivas y de sociedades comanditarias.**

Así pues, dependiendo de la actividad que quieras desarrollar tendrás una serie de obligaciones, impuestos y cotizaciones que realizar en tu negocio.

Obligaciones del autónomo

Lo que todo autónomo debe cumplir

Los autónomos, según su tipo, tienen una serie de obligaciones comunes, desde el pago de la Seguridad Social por el RETA, pasando por la presentación de impuestos y la contabilidad, hasta la comunicación del comienzo de la actividad y cualquier modificación de esta en Hacienda.

Desde el primer momento que el autónomo decide dar de alta su actividad, las obligaciones empezarán a sumarse y continuarán hasta incluso, después de comunicar la baja, como sucede con la presentación de algunos modelos anuales.

Así pues, es fundamental conocer cuáles son las obligaciones del autónomo y cumplir con ellas para evitar sanciones y multas que pueden lastrar nuestro negocio.

Las dividiremos en:

1. **Censales:** alta, baja y modificaciones que deberán ser comunicadas a las diferentes administraciones.
2. **Fiscales:** impuestos que deben presentarse.
3. **Contables:** libros de contabilidad obligatorios.
4. **Cotización:** cotización a la Seguridad Social, propia y de los trabajadores.

5. **Específicas:** obligaciones específicas por el tipo de autónomo o por las características específicas de su negocio. Licencias municipales, formación específica, certificado electrónico, LOPD, Prevención de Riesgos Laborales, LSSI, etc.

> **CONSEJO**
>
> *Es recomendable consultar a profesionales que nos indiquen las obligaciones específicas para nuestra actividad y tipo de negocio.*

Obligaciones censales

Antes de comenzar tu actividad, como persona física, debes inscribirte en la Agencia Tributaria y solicitar tu alta en el censo de empresarios, profesionales y retenedores mediante el modelo 036, o el simplificado 037 si cumples con las especificaciones de este modelo. La Agencia Tributaria te asignará un Numero de Identificación Fiscal, que si eres autónomo, coincidirá con tu número de DNI.

El modelo 037 es la versión simplificada del modelo 036 y podrán utilizarlos las personas físicas siempre y cuando no estén incluidas en los regímenes especiales del IVA, excepto el simplificado (agricultura, ganadería y pesca o de recargo de equivalencia), ni figuren en el registro de devolución mensual (REDEME), el de operadores intracomunitarios, o el de grandes empresas.

Cuando rellenes el modelo 036 o 037 deberás elegir uno de los epígrafes del IAE, Impuesto de Actividades Económicas, el que mejor se ajuste a tu negocio. También deberás especificar los impuestos por los que tributarás en función de tu actividad empresarial específica.

⚠ **IMPORTANTE**

Del pago del IAE estarás exento, siempre que no factures más de un millón de euros anuales, y no deberás presentar el modelo 840/848.

👁 **¡OJO!**

Estás obligado a presentar un nuevo modelo cada vez que se produzca un cambio en tu actividad, domicilio, nuevos epígrafes, altas y bajas en modelo tributarios etc., así como la baja de la actividad cuando se produzca.

💡 **CONSEJO**

Consulta con profesionales para realizar el alta de manera correcta y evitar problemas y futuras sanciones.

Obligaciones fiscales

Una vez que ya estas dado de alta en Hacienda comienzan las obligaciones e impuestos que como autónomo debes cumplir.

Tal y como ya vimos al principio de esta guía, debemos recordar que, debido a la heterogeneidad de los autónomos, no todos tendrán todas las obligaciones que vamos a exponer, y alguno contará con obligaciones diferentes específicas de su epígrafe y actividad.

Las principales obligaciones fiscales de los autónomos son las siguientes:

- Modificaciones censales.
- IRPF.
- IVA.
- Retenciones de IRPF.
- Retenciones del alquiler.
- Operaciones con terceros.
- Operaciones intracomunitarias.
- Otras.

Modificaciones censales

Una vez que ya estás dado de alta en el censo de empresarios, profesionales y retenedores, debes mantener la información actualizada.

Deberás comunicar a la Agencia Tributaria cualquier modificación en tu actividad, como la dirección, nuevos epígrafes o nuevos modelos de impuestos, así como la baja si se produjera.

MODELO 036 / 037

PLAZO
Un mes desde que se produjeron los cambios

PRESENTACIÓN

Presentación del impreso: Los modelos 036 o 037 se presentarán, debidamente firmados mediante:

- **Entrega directa en la Administración** o, en su defecto, Delegación de la Agencia Tributaria correspondiente al domicilio fiscal del titular de la declaración en el momento de la presentación.
- **Envío por correo certificado** a dichas oficinas.

La simple presentación de la declaración censal (una vez firmada por el declarante o su representante) es un acto de mero trámite y en consecuencia lo puede realizar cualquier persona.

Presentación electrónica: La presentación por Internet podrá ser efectuada:

- Con certificado electrónico reconocido.
- Con Cl@ve PIN o sistema de firma con clave de acceso en un registro previo como usuario. Este sistema se podrá utilizar por las personas físicas que no estén obligadas a la presentación con certificado electrónico.

IRPF

(Impuesto sobre la Renta de las Personas Físicas)

La mayoría de los autónomos tienen obligación de retener IRPF por el beneficio de su actividad, bien en las facturas que emiten o liquidando la retención en los modelos correspondientes cada trimestre.

Podemos dividir a los autónomos en tres tipos según sus obligaciones de retención de IRPF.

1. **Retener en factura:** deben aplicar retenciones en sus facturas.

   - Están en este grupo los autónomos con actividades profesionales, ganaderas de engorde de porcino y avicultura, agrícolas y restantes actividades ganaderas y forestales.
   - Tienen la obligación de retener un porcentaje en cada factura que emiten, obligando al receptor de la factura a ingresar esa retención en Hacienda.
   - El porcentaje a retener depende de la actividad y la antigüedad.
     - Profesionales: 7 % durante los tres primeros años de actividad y 15 % después.
     - Actividades ganaderas de engorde de porcino y avicultura: 1 %.
     - Actividades agrícolas y restantes actividades ganaderas: 2 %.
     - Actividades forestales: 2 %.

2. **Retención trimestral:** deben retener el IRPF de su beneficio mediante los modelos 131 por estimación objetiva, módulos, o 130 por estimación directa.

   • Están en este grupo los autónomos con actividades empresariales y los autónomos profesionales cuya facturación a empresas o profesionales con retención o ingreso a cuenta suponga menos del 70 % del total.

   • Deben presentar y liquidar el modelo 130 o 131 de manera trimestral.

   • Por estimación directa se aplica actualmente un 20 % de retención sobre el beneficio trimestral de la actividad.

   • Por estimación objetiva se aplica la cantidad calculada para cada módulo particular, una cantidad fija cada trimestre.

3. **Retención en nómina:** se retiene un porcentaje de IRPF en función de sus ingresos anuales y su situación personal.

   • Están en este grupo los autónomos societarios que tienen nómina y lo autónomos colaboradores.

   • Se produce una retención en su nómina en función de los ingresos previstos y de la situación personal.

MODELO 130/131

DECLARACIÓN

Trimestral

PLAZO

Del 1 al 20 de abril, julio y octubre y del 1 al 30 de enero

PRESENTACIÓN

Telemática
Oficinas de la AEAT
Entidades Colaboradoras

MODELO 100 (RENTA)

DECLARACIÓN

Anual

PLAZO

Antes del 30 de junio

PRESENTACIÓN

Telemática
Oficinas de la AEAT
Entidades Colaboradoras

IVA

(Impuesto sobre el Valor Añadido)

El Impuesto sobre el Valor Añadido o IVA es un impuesto indirecto que grava el consumo, las entregas de bienes y prestaciones de servicios efectuadas por empresarios y profesionales, las adquisiciones y las importaciones de bienes.

Cada autónomo o empresa de la pirámide traslada su IVA al siguiente escalón hasta llegar al consumidor final. Así, podemos decir, que el autónomo actúa como intermediario entre Hacienda y el consumidor final, ya que deberá liquidar a Hacienda la diferencia entre el IVA que haya facturado a sus clientes y el que haya soportado por sus compras a proveedores.

Quien realice entregas de bienes o prestaciones de servicios repercutirá el tipo impositivo del IVA que corresponda al importe de la operación, salvo que esté exenta o no sujeta:

1. **Actividades Exentas:** servicios médicos y sanitarios, educación y formación, sociedades culturales y deportivas, operaciones financieras y de seguros y alquiler de viviendas.

2. **General 21 %:** se aplica a la mayoría de bienes y servicios.

3. **Reducido 10 %:** entregas de productos alimenticios, bienes de uso agrícola, forestal o ganadero, medicamentos

para uso veterinario, agua, productos farmacéuticos de uso directo por el consumidor final (guatas, gasas, vendas...), compresas, tampones, protegeslips, preservativos y otros anticonceptivos no medicinales, equipos médicos, aparatos y demás instrumental diseñados para uso personal y exclusivo de personas que tengan deficiencias físicas, mentales, intelectuales o sensoriales, viviendas, garajes y anexos, flores y plantas vivas y objetos de arte. También se incluyen, entre otros, los servicios de transportes de viajeros, obras de renovación y reparación de viviendas, hostelería y restaurantes, actividades agrícolas, forestales y ganaderas, y servicios deportivos de carácter aficionado, asistencia social, ferias y exposiciones comerciales, etc.

📣 NOVEDAD: con fecha efecto 29 de junio de 2017 se ha aprobado la bajada del 21 % al 10 % de IVA de los espectáculos culturales en directo.

4. **Superreducido 4 %:** alimentos básicos, medicamentos para uso humano, libros —excepto libros electrónicos—, periódicos y revistas, prótesis, órtesis e implantes internos así como vehículos para personas con discapacidad, etc.

Existen tres sistemas de liquidación de IVA para los autónomos:

1. **Régimen general de IVA:** se aplica a la mayoría de los autónomos con actividades no exentas, y se calcula con la diferencia entre el IVA repercutido y el soportado.

⚠ **IMPORTANTE**

*Si hemos facturado más IVA del que nos han factura-
do deberemos ingresar la diferencia. Si sucede al revés,
nos han facturado más IVA del que nosotros hemos facturado, podremos solicitar a final de año la devolución
a la Agencia Tributaria.*

2. **Régimen simplificado de IVA:** se aplica a los autónomos que cotizan en estimación objetiva, en módulo. Se
calcula aplicando las fórmulas contempladas para cada
actividad. El módulo nos da el IVA devengado por ventas y, a este, le podremos restar todo el IVA soportado,
más el 1% del IVA devengado como gastos de difícil
justificación.

👁 **¡OJO!**

La norma fija una cuota mínima de IVA por operaciones
corrientes para actividad de la que sí se podrá deducir el
IVA soportado por inversiones.

3. **Recargo de equivalencia:** Régimen especial **obligatorio**
para comerciantes minoristas que venden productos sin
mediar transformación al usuario final. Los tipos generales de IVA se incrementan del 21% al 26,4%, del 10%
al 11,4% y del 4% al 4,5% para sus facturas recibidas,
quedando eso sí, exento de la obligación de liquidar
IVA ni de guardar registro de facturas.

> ⚠️ **IMPORTANTE**
>
> *Es el proveedor el que debe incluir el recargo de equivalencia en las facturas y liquidarlo posteriormente a la Agencia Tributaria.*

MODELO 303
DECLARACIÓN
Trimestral
PLAZO
Del 1 al 20 de abril, julio y octubre y del 1 al 30 de enero
PRESENTACIÓN
Telemática Oficinas de la AEAT Entidades Colaboradoras
MODELO 390
DECLARACIÓN
Anual
PLAZO
Del 1 al 30 de enero
PRESENTACIÓN
Telemática Oficinas de la AEAT Entidades Colaboradoras

Retenciones e ingresos a cuenta del IRPF

Además del IRPF (Impuesto sobre la Renta de las Personas Físicas) propio de tu actividad, si tienes empleados o te prestan servicios profesionales que realizan retenciones en sus facturas, deberás presentar el modelo 111, así como el resumen anual de retenciones e ingresos a cuenta mediante el modelo 190.

Deberás realizar en la Agencia Tributaria el ingreso correspondiente al IRPF retenido.

MODELO 111	MODELO 190
DECLARACIÓN Trimestral	DECLARACIÓN Anual
PLAZO Del 1 al 20 de enero, abril, julio y octubre	PLAZO Del 1 al 30 de enero
PRESENTACIÓN Telemática Oficinas de la AEAT Entidades Colaboradoras	

Declaración de retenciones e ingresos a cuenta por alquileres

En el caso de que estés pagando un alquiler, deberás practicar retención en dichos pagos. Para aquellos empresarios que **paguen un alquiler por el local donde ejercen la actividad,** deberán vigilar que el propietario del local emite la factura con el **19 % de retención.**

Excepciones

- Que el arrendamiento se trate de viviendas que abona la empresa para los empleados.
- Que las rentas que satisfagas sean inferiores a los 900 € al año.
- Que las rentas sean abonadas a entidades totalmente exentas de tributar por el IS (Impuesto de sociedades).
- Que la actividad sea de arrendamiento de inmuebles, estando inscrito en el IAE en el epígrafe correspondiente a la misma.

MODELO 115	MODELO 180
DECLARACIÓN	DECLARACIÓN
Trimestral	Anual
PLAZO	PLAZO
Del 1 al 20 de enero, abril, julio y octubre	Durante el mes de febrero
PRESENTACIÓN	
Telemática / Oficinas de la AEAT / Entidades Colaboradoras	

Declaración de operaciones con terceros

Si tienes un cliente o proveedor cuyas operaciones sean **mayores de los 3 005,06 € al año,** debes presentar en la Agencia Tributaria una declaración anual.

Para ello debes rellenar el **modelo 347** de declaración anual de operaciones con terceros.

⚠ **IMPORTANTE**

Se declaran las adquisiciones y entregas de bienes y servicios, estén sujetas o no a IVA con clientes o proveedores que superen los 3 005,06 € anuales.

MODELO 347
DECLARACIÓN
Anual
PLAZO
Durante el mes de febrero
PRESENTACIÓN
Telemática Oficinas de la AEAT Entidades Colaboradoras

Declaración de operaciones intracomunitarias

Una operación intracomunitaria es la compra o venta de un bien o prestación de servicio a una empresa ubicada en otro país de la Unión Europea.

Si vamos a tener algún cliente al que vendamos o prestemos servicios en otro país miembro de la Unión Europea, debemos darnos de alta en el **Registro de Operadores Intracomunitarios (ROI)**, mediante la presentación de un modelo 036 / 037.

Estarán obligados a presentar la declaración de operaciones intracomunitarias, quienes adquieran o vendan bienes a empresas situadas en países miembros de la UE.

También estarán obligados aquellos que presten servicios a miembros de la UE y cumplan con las siguientes condiciones:

1. Que no se entiendan prestadas en el territorio de aplicación del Impuesto.

2. Que estén sometidas efectivamente a gravamen en otro estado miembro.

3. Que su destinatario sea un empresario o profesional actuando como tal y radique en dicho Estado miembro la sede de su actividad económica, o tenga en el mismo un establecimiento permanente o, en su defecto, el lugar de su domicilio o residencia habitual, o que dicho

destinatario sea una persona jurídica que no actúe como empresario o profesional pero tenga asignado un número de identificación a efectos del impuesto suministrado por ese Estado miembro.

4. Que el sujeto pasivo sea dicho destinatario.

Con carácter general, **el modelo 349 se presenta de forma mensual.** Concretamente, se entregan las operaciones de cada mes natural en una declaración que se puede hacer **hasta el día 25 del mes siguiente.**

Excepciones

- **Trimestral.** La presentación de la declaración deberá ser trimestral siempre que el importe total de las entregas de bienes y prestaciones intracomunitarias de servicios **no haya superado el umbral de los 50 000 euros** ni en el trimestre en curso ni en cada uno de los cuatro trimestres naturales anteriores. En este caso se podrá presentar de forma trimestral, menos en el último trimestre del ejercicio que se hará la declaración del 1 al 31 de enero.

- **Bimestral.** Si al final del segundo mes de un trimestre natural el importe total de las entregas de bienes y prestaciones de servicios que deban consignarse en la declaración **supera 50 000 euros** se hará la declaración de forma bimestral.

- **Anual.** Puede presentarse anualmente cuando el importe total de las entregas de bienes o prestaciones de servicios del año **no supera los 35 000 euros,** sin contar el IVA, y el importe de entregas de bienes a otro Estado de la UE exentas de IVA que no superen los 15 000 euros (sin contar nuevos vehículos). En concreto, **tendrá plazo hasta el 30 de enero del año siguiente.**

También hay que tener en cuenta que para calcular la periodicidad que nos corresponde para la declaración censal 349, no se tendrá en cuenta las adquisiciones intracomunitarias, ya sea de bienes o de prestaciones de servicios, sino que **exclusivamente se tendrán en cuenta las entregas.** Si una empresa está obligada a presentar esta declaración, pero únicamente hace adquisiciones, podrá hacer la declaración de forma trimestral, ya que no estará superando el límite de los 50 000 euros de entregas intracomunitarias. Además, si en un periodo no hay ninguna operación, no es necesario presentar este modelo.

MODELO 349
DECLARACIÓN
Hasta 50 000 € trimestral
PLAZO
Del 1 al 20 de abril, julio y octubre y del 1 al 31 de enero
PRESENTACIÓN
Telemática / Oficinas de la AEAT / Entidades Colaboradoras

Otras menos comunes

1. **Declaración anual de partícipes y aportaciones a planes de pensiones.** (Modelo 345).
Si como promotor a un plan de pensiones, se realizaran aportaciones a favor de empleados, debe presentarse el modelo 345, entre el 1 y el 30 de enero de cada año, si su presentación se realiza en papel. Si la presentación se realiza en soporte magnético o por vía telemática (Internet y teleproceso), el plazo será entre el 1 de enero y 20 de febrero.

2. **Declaración informativa de operaciones incluidas en los libros registro.** (Modelo 340).
Los obligados tributarios que deban presentar autoliquidaciones o declaraciones correspondientes al IS, al IVA o al Impuesto General Indirecto Canario (IGIC) por medios telemáticos, y que a su vez opten por el sistema de devolución mensual.

3. **Retenciones del capital mobiliario.** (Modelo 123).
Obliga a liquidar la retención e ingreso a cuenta de determinados rendimientos del capital mobiliario o determinadas rentas. Se ingresan las retenciones a aplicar en los intereses pagados por los préstamos recibidos por la empresa por parte de terceros.

Obligaciones contables

Las obligaciones contables de un autónomo están enfocadas a llevar un registro de facturas para poder después cumplir con las obligaciones fiscales. Estas obligaciones se materializan en cuatro libros:

1. **Libro de registro de las facturas emitidas**: este libro no es más que un listado de todas las facturas emitidas, por orden cronológico, y con los siguientes datos:
   - Número de factura.
   - Fecha de factura.
   - Cliente de la factura.
   - Base imponible (BI).
   - Tipo de IVA (4 %, 10 % o 21 %).
   - Importe del IVA.
   - Retención de IRPF (si hubiese).

   ⚠ **IMPORTANTE**
   La Agencia Tributaria nos exigirá que el listado sea con numeración continua, sin saltos ni duplicados, evitando así el falseamiento de los datos de ingreso de nuestro negocio.

2. **Libro de registro de facturas recibidas:** este libro es un listado de facturas recibidas que refleja compras tanto de servicios como de bienes obtenidos por el autónomo para el desarrollo de su actividad. Los datos que debemos listar son:
   - Número de factura.
   - Fecha de factura.

- Proveedor de la factura (con CIF/NIF).
- Base imponible (BI).
- Tipo de IVA (4%, 10% o 21%).
- Importe del IVA.
- Retención de IRPF (si hubiese).

> ⚠ **IMPORTANTE**
>
> *Solo deben considerarse en este libro las compras de bienes y servicios para el desarrollo de la actividad.*

3. **Libro de registro de bienes de inversión:** este libro es un listado de facturas recibidas que refleja aquellos bienes que ha comprado el autónomo y que se considera que no se van a consumir durante el ejercicio.

> 👁 **¡OJO!**
>
> No se permite contabilizarlos directamente como un gasto único sino que se debe contabilizar distribuyendo su importe proporcionalmente a lo largo de varios meses o años según fija la Agencia tributaria por su valor y naturaleza.
>
> **https://www.autonomos.guiaburros.es/**

Por cada bien individualizado se registrará:

- Número de factura.
- Fecha de factura.
- Proveedor de la factura (con CIF/NIF).
- Base imponible (BI).
- Tipo de IVA (4%, 10% o 21%).
- Importe del IVA.

- Retención de IRPF (si hubiese).
- La fecha del comienzo de su utilización.
- La prorrata anual definitiva.
- La regularización anual, si procede, de las deducciones.

> ⚠ **IMPORTANTE**
>
> *Si los ingresos del autónomo son suficientes interesará amortizar cada bien de inversión en el plazo mínimo que marque la Agencia Tributaria con el fin de pagar menos impuestos.*

4. **Libro de registro de gastos:** este libro recoge SOLO los gastos que no tengan factura, como *tickets,* justificantes de pago, cuota de la Seguridad Social, etc. La agencia Tributaria permite su deducción, siempre que estén afectos a la actividad, pero no nos permitirá la desgravación del IVA asociado.

Además, si eres autónomo profesional y recibes pagos a cuenta y/o realizas suplidos para tus clientes, deberás contar con el **libro de registro de provisiones y suplidos:**

- **Provisiones de fondos:** las cantidades entregadas a cuenta por los clientes por el pago de los servicios contratados a los profesionales autónomos.

- **Los gastos suplidos:** gastos que los profesionales autónomos realizan y pagan por cuenta o en nombre de sus clientes.

⚠ **IMPORTANTE**

La mayoría de los autónomos en estimación objetiva no tienen obligación de llevar libros contables pero sí deben guardar todas las facturas emitidas, recibidas y los justificantes de los módulos.

En algunos casos están obligados a llevar los siguientes libros:

- Si hay amortizaciones debe llevarse el **libro de registro de bienes de inversión.**

- Si el rendimiento neto se calcula sobre el volumen de operaciones, deberá llevarse el **libro de registro de las facturas emitidas.**

Obligaciones Seguridad Social

⚖ **Legislación aplicable:** *Decreto-ley 20/2012, de 13 de julio. Ley 20/2007 de 11 de julio, del Estatuto del Trabajador Autónomo.*

Los autónomos tienen obligación de cotizar desde el primer día de inicio de su actividad. Esta obligación de pago se mantiene mientras el trabajador no comunique la baja y, hasta hasta la ley de Reformas Urgentes del Trabajo Autónomo, debía cumplirse por meses naturales completos. Desde esta reforma se puede hacer por los días de actividad del mes.

👁 **¡OJO!**

La cotización por días solo se podrá solicitar tres veces al año, el resto de meses se cotizará por meses completos.

El pago es responsabilidad del autónomo y debe liquidarse en el mes de marzo, bien mediante el pago de los boletines de cotización, bien mediante domiciliación en una entidad financiera. El retraso en su liquidación provocará recargos e intereses que aumentarán la cantidad final a abonar.

Hasta la Ley de la Reforma Urgente del trabajo Autónomo, el recargo era del 20 % independientemente del tiempo transcurrido, en la actualidad es de un 10 % para retrasos inferiores a un mes y del 20 % para el resto.

También se aplicarán intereses de demora desde el vencimiento del plazo reglamentario de ingreso y con un tipo de interés igual al interés legal del dinero vigente en cada momento del periodo de devengo con un incremento del 25 %, salvo que la Ley de Presupuestos Generales del Estado establezca uno diferente.

Cantidad a cotizar por ser autónomo hasta el 2023

🔨 **Legislación aplicable:** *Orden ESS/70/2016, de 29 de enero, por la que se desarrollan las normas legales de cotización a la Seguridad Social.*

La cantidad a cotizar por un autónomo hasta el 2023, se calculaba según la base de cotización que este elegía. La base de cotización tenía un mínimo y un máximo en el 2022, para un trabajador autónomo la mínima era de 960,60 € y la máxima de 4 139,40 €. Si el autónomo era mayor de 47 años la base máxima se reducía hasta los 2 113,20 €.

La base de cotización representaba el "sueldo" por el que el autónomo cotizaba a la Seguridad Social para luego poder calcular diferentes prestaciones, como la jubilación.

La mayoría de los autónomos optaban por la base mínima de cotización 960,60 € en el caso de los trabajadores autónomos y 1 234,86 €, en el caso de los autónomos con más de diez trabajadores y los autónomos societarios.

TIPOS DE COTIZACIÓN	
Tipo General	30,6 %
Contingencias Comunes	28,3 %
Contingencias Profesionales	1,3 %
Cese de actividad	0,9 %
Formación	0,1 %

Así, si elegíamos la base de cotización mínima podíamos calcular la cuota mensual a abonar. Si se decidía cotizar por una base mayor, debíamos multiplicar el porcentaje correspondiente al 2022, 30,6 %, a la base de cotización y calcular la cuota mensual a la Seguridad Social.

	BASE MÍNIMA	CUOTA CON PROTECCIÓN INCAPACIDAD LABORAL	
		%	CUOTA
Trabajador autónomo	960,6 €	30,06 %	294,00 €
Autónomo con más de 10 trabajadores	1214,08 €	30 %	364,22 €
Autónomo societario	1234,86 €	30,06 %	377,87 €

SETA, trabajadores por cuenta propia agrarios

Con la base de cotización entre 960,60 € y 1152,60 € se aplicaba en el 2022 un tipo de cotización del 18,75 %, para cotizaciones superiores a 1152,60 €, lo que supere esta cantidad será al 26,50 %.

> **👁 ¡OJO!**
>
> La cotización por IT, incapacidad temporal, es **obligatoria** para la mayoría de los autónomos que deben elegir una mutua de accidentes de trabajo y enfermedades profesionales de la Seguridad Social. Solo es opcional para los trabajadores incluido en el SETA y trabajadores autónomos en pluriactividad, con derecho a la prestación por incapacidad temporal en otro régimen del Sistema de la Seguridad Social.

Otras obligaciones

Según la actividad del autónomo, otras obligaciones se sumarán a las que ya hemos repasado en los apartados anteriores.

Licencia de apertura y actividad

Como autónomo puedes estar obligado a tener una licencia de apertura y actividad siempre que precises un local, nave u oficina para el desarrollo de tu actividad.

La licencia es municipal, con lo que deberás informarte en tu ayuntamiento de los requisitos específicos para tu actividad, te recomiendo que hagas esto antes de buscar local, así podrás tenerlo en cuenta a la hora de comprar o alquilar, no olvides que si el local no cumple con los requisitos, no podrás ejercer la actividad hasta que no se realice la adecuación.

Se debe solicitar una licencia de apertura y actividad al comienzo de una actividad, al modificar la actividad, al cambiar de dueños o al realizar modificaciones en el local.

> **👁 ¡OJO!**
>
> Aunque el local haya tenido licencia anteriormente para tu misma actividad esto no garantiza que ahora, con los requisitos actuales, te concedan la misma.

Las actividades se clasifican en dos grupos para la licencia de apertura y actividad, actividades inocuas y actividades clasificadas o nocivas.

- **Actividades inocuas o no clasificadas:** son aquellas que no son susceptibles de generar molestias, que no ponen en riesgo la salubridad ni pueden causar daños en el medio ambiente. Son actividades inocuas o no clasificadas las no nocivas ni peligrosas ni para las personas ni para el entorno por lo que su licencia de apertura requiere de menos comprobaciones y documentación.

- **Actividades clasificadas o nocivas:** son aquellas que pueden resultar molestas, insalubres o peligrosas tanto para las personas como para el medio ambiente. Este tipo de licencia puede requerir de un procedimiento más largo y más costoso. Suele necesitar de la realización de un proyecto técnico para su aprobación por parte del ayuntamiento.

Los trámites y la documentación para solicitar una licencia de apertura dependerán de la normativa de cada municipio.

Para solicitar una licencia de actividad inocua se deberá cumplimentar el formulario específico de declaración responsable del ayuntamiento y aportar otras documentaciones que nos sean requeridas, como puede ser contrato de alquiler o escrituras, fotografías o planos del local.

Las licencias clasificadas requerirán de un proyecto técnico realizado por un profesional colegiado, arquitecto, arquitecto técnico, ingeniero técnico industrial, etc. Existen empresas que ofrecen, no solo los informes técnicos para solicitar la licencia de apertura, también proponen e incluso realizan, las modificaciones necesarias para cumplir con la legislación vigente y los requisitos específicos del ayuntamiento en cuestión.

⚠ **IMPORTANTE**

Debes tener en cuenta las leyes de accesibilidad, la insonorización, las normas de higiene y salubridad, sobre todo si se trabaja con alimentos, y la normativa de incendios vigente.

👁 **¡OJO!**

No olvides solicitar la licencia de obras si vas a realizar cualquier cambio en el local.

Así pues, la licencia de apertura y actividad para tu negocio va a suponer, además de un trabajo previo a empezar tu actividad, un coste. Por un lado tendrás las tasas del ayuntamiento para tu actividad concreta que dependerán del tipo de actividad, del tamaño de tu local y de la situación del mismo. Consulta con tu ayuntamiento el coste en tasas antes de decidir la compra o alquiler de un local. Pero como hemos visto, en la mayoría de los casos necesitarás, al menos, un informe técnico o un proyecto técnico avalado por un profesional colegiado.

El gran problema con las licencias de apertura y actividad, que se ha intentado solucionar con diferentes leyes y reglamentos, es el tiempo que se tardan en conceder, depende de la carga de trabajo del ayuntamiento y se puede demorar desde unos meses hasta incluso años.

⚖ **NORMATIVA:** *El Real Decreto Ley 19 /2012 de 25 de mayo de medidas urgentes de liberalización del comercio.*

Esta normativa dio lugar a las conocidas como licencias exprés, que para locales de menos de 300 metros cuadrados se permite la presentación de una declaración responsable donde nos comprometemos a conseguir la licencia de apertura y actividad y declaramos que el local cumple con la legislación vigente.

Este trámite previo a la concesión de la licencia nos permite comenzar la actividad en ese mismo momento, sin esperar a la licencia definitiva que llegará después de las pertinentes inspecciones del ayuntamiento en cuestión.

👁 ¡OJO!

La declaración responsable no nos exime de la obligación de contar con la licencia de apertura y actividad ni de la obligación de cumplir la normativa vigente, solo nos permite comenzar la actividad inmediatamente con el compromiso de obtener la licencia definitiva y de estar cumpliendo con la normativa.

⚠ IMPORTANTE

Segun la orden ESS/214/2018 que modifica la orden ESS/484/2013 se amplía la obligatoriedad de incorporación al sistema RED de la Seguridad Social para la notificación electrónica de la Tesorería General. Están exentos los profesionales taurinos, profesionales incorporados al Sistema de Empleados del Hogar, Autónomos del Régimen Especial de la Seguridad Social de los Trabajadores del Mar, grupos segundo y tercero. Plazo límite, 31 de agosto de 2018.

👁 ¡OJO!

La orden ESS/214/2018 da la opción de que sea el propio autónomo el que se afilie como autorizado RED, para lo que necesitará el certificado digital, o que se realice a través de un representante legal.

Certificado Digital

La firma electrónica es un método de identificación digital equivalente a la firma manuscrita que reconoce a las partes en una comunicación digital, garantizando la identidad de ambas y la no manipulación del mensaje.

La Entidad Pública de Certificación CERES, es el organismo encargado de autentificar y garantizar la confidencialidad e integridad de las comunicaciones entre los ciudadanos, las empresas y las administraciones públicas.

En un primer nivel se tienen los certificados digitales para personas físicas (particulares) y los de personas jurídicas.

Como autónomos utilizaremos el certificado digital de persona física, pero también existen los certificados de persona jurídica, el certificado de pertenencia a una empresa, el certificado de representante, y el certificado de factura electrónica.

Aunque todavía no es obligatorio el certificado digital para la relación entre el autónomo y las administraciones públicas, terminará siéndolo; ofrece importantes ventajas para realizar trámites de forma segura a través de Internet.

Algunos trámites que podrás realizar:

- Presentación y liquidación de impuestos.
- Presentación de recursos y reclamaciones.
- Cumplimentación de los datos del censo de población y viviendas.
- Consulta e inscripción en el padrón municipal.
- Consulta de multas de circulación.
- Consulta y trámites para solicitud de subvenciones.
- Consulta de asignación de colegios electorales.
- Actuaciones comunicadas.
- Firma electrónica de documentos y formularios oficiales.

El autónomo podrá obtener el certificado digital en las diferentes certificadoras acreditadas, la más habitual, la **Fábrica de Moneda y Timbre.** Los pasos para conseguir el certificado digital en la FNMT son los siguientes:

1. Accede a la siguiente página de la Fábrica Nacional de Moneda y Timbre: **https://www.sede.fnmt.gob.es/** Pincha en "Certificados", elige "Persona física" y la opción de "Obtener certificado software" y "solicitar Certificado".

2. **Acreditar Identidad.** La página de la FNMT devolverá un código que deberás presentar al acreditar tu identidad en una Oficina de Registro. En este caso cualquier delegación de Hacienda, o de la Seguridad Social. Es **IMPORTANTE pedir cita previa.**

La documentación necesaria para la identificación será:

• El código expedido por la **Fabrica Nacional de Moneda y Timbre.**

- El **Documento Nacional de Identidad** para ciudadanos de nacionalidad española, o el Documento Nacional de Identificación de Extranjeros, o el Certificado de Ciudadano de la Unión Europea donde conste el NIE junto con el pasaporte o documento de identidad de país de origen.

3. Descargar el Certificado digital de Usuario. Aproximadamente dos horas después de acreditar su identidad podrá descargar el certificado desde la web de la FNMT utilizando el código de solicitud.

⚠ **IMPORTANTE**

El código de solicitud de certificado digital de usuario deberá ser solicitado desde el mismo ordenador, mismo usuario y navegador donde después se instalará.

LOPDGDD, Ley Orgánica 3/2018, de 5 de diciembre, de Protección de Datos Personales y garantía de los derechos digitales

⚖ Ley Orgánica 3/2018, de 5 de diciembre, de Protección de Datos Personales y garantía de los derechos digitales.

Como cualquier empresa el autónomo deberá cumplir con la **LOPDGDD, Ley de Protección de Datos Personales y garantía de derechos digitales,** si recopila datos de carácter personal en su negocio.

Los supuestos más habituales son:

- **Clientes potenciales:** si ofrecemos información a posibles clientes particulares y almacenamos el nombre, teléfono o *e-mail* del posible cliente. Por ejemplo los formularios de información en Internet.

- **Clientes particulares:** en nuestro negocio guardamos datos de clientes particulares, datos para facturación, para participar en una promoción, para enviar información, etc.

- **Proveedores:** guardamos datos de contacto personales de proveedores con los que trabajamos. Una agenda física o digital con nombres direcciones, teléfonos, etc.

- **Trabajadores:** si tenemos trabajadores estaremos almacenando los datos personales de los mismos, nombre, DNI, dirección, número de la seguridad social, etc.

Además de estos casos hay algunos menos comunes, por eso, es importante que un profesional evalúe, primero la necesidad de adaptarte a la LOPDGDD y después, según los datos personales que almacenas, tendrás que aplicar el nivel de seguridad que corresponda.

Existen **tres niveles de seguridad:**

1. **Nivel básico:** se aplicará a los ficheros que solo contengan datos identificativos. Ejemplos: nombre, domicilio, teléfono, DNI, número de afiliación a la Seguridad

Social, imagen, firmas, correos electrónicos, datos bancarios, edad, fecha de nacimiento, sexo, nacionalidad, etc.

2. **Nivel medio:** se aplicará esta protección, a los ficheros que contengan datos relativos a solvencia patrimonial, operaciones financieras y de crédito. Ejemplos: datos de personalidad, hábitos de consumo, hábitos de carácter, datos de seguridad social, solvencia patrimonial y crédito, sanciones administrativas, pruebas psicotécnicas, etc.

3. **Nivel alto:** se aplicará a los ficheros que contienen datos especialmente protegidos. Ejemplos: ideología, afiliación sindical y política, religión y creencias, origen racial, salud, alimentación, bajas laborales, tendencia sexual, antecedentes penales, etc.

El autónomo será el responsable de estos datos y de su tratamiento al ser la persona que decide la finalidad, el contenido y el uso del tratamiento de los datos personales que almacena.

La LOPDGDD obliga al autónomo a:

1. **Registro de actividades:** en el que se detalle la procedencia de los datos, personas afectadas, legitimación del tratamiento, nivel de seguridad aplicado, si cede o no datos a terceros y plazo de conservación de los datos.

2. **Observar la calidad de los datos,** que los datos sean adecuados y veraces.

3. **Deber de guardar secreto,** garantizar el cumplimiento de los deberes de secreto y seguridad.

4. **Deber de información,** informar y obtener consentimiento para la recogida y tratamiento de los datos personales.

5. **Atención a los derechos de los ciudadanos**, ARCO derecho de Acceso, Rectificación, Cancelación y Oposición. Con la entrada en vigor del RGPD se amplían los derechos reconocidos a los ciudadanos conocidos como derechos ARCO: Acceso, Rectificación, Cancelación y Oposición y se añaden otros derechos tales como: derecho a la limitación del tratamiento, a la portabilidad y al olvido.

Aunque la Agencia de Protección de Datos es la autoridad de control independiente que vela por el cumplimiento de la normativa y garantiza el derecho fundamental a la protección de datos personales, es cada autónomo el responsable de implantar, bien personalmente o a través de una empresa especializada, las medidas necesarias para el cumplimiento. Estas medidas son:

1. **Registro de actividades de los ficheros** que contengan datos de carácter personal.

2. **Aplicación del nivel de seguridad adecuado** que corresponda.

3. **Elaboración del Documentado de Seguridad.**

4. **Contrato de acceso a datos por cuenta de terceros,** cuando tengamos contratado a un proveedor que nos preste un servicio y, tenga acceso a datos de nuestros clientes, empleados, etc.

5. **Formación al Responsable del Fichero y a sus trabajadores** en materia de protección de datos.

6. **Informar a los ciudadanos de la forma en la que pueden ejercer sus derechos.**

Además, existe la obligación de realizar una auditoría, que puede ser interna o externa de manera binual, con el fin de detectar cualquier irregularidad o deficiencia en la forma de tratar los datos y en la seguridad aplicada a los mismos, principalmente.

El no cumplimiento de la RGPD puede acarrear importantes sanciones dependiendo de la naturaleza, gravedad, duración, la intencionalidad o negligencia, el grado de responsabilidad, se destacan las siguientes sanciones:

- Sanciones para infracciones leves: 40 000 €.
- Sanciones graves: 40 001 € a 300 000 €.
- Sanciones muy graves: 300 001 € a 20 000 000 €.

🔨 *Ley 8/2011, de 4 de marzo, de Economía Sostenible sobre la LOPD.*

Esta Ley, además de reducir la cuantía de las sanciones de la ley original, añade la figura del **apercibimiento,** un paso previo a la sanción que nos permitirá subsanar las deficiencias encontradas antes de recibir una sanción en firme por parte de la Agencia Española de Protección de Datos.

> ⚠ **IMPORTANTE**
>
> *El Reglamento General de Protección de Datos (RGPD), una normativa europea que armoniza los requisitos y obligaciones en el marco de la Unión Europea para la protección de los datos personales. Este reglamento ya está en vigor pero permite a los autónomos y empresas un plazo de adecuación que finaliza el 25 de Mayo de 2018.*

Entre las novedades que aporta este reglamento están:

1. **Procurar el consentimiento inequívoco,** y no tácito, del cliente para el uso de sus datos.
2. **Actualización de las cláusulas y políticas informativas** en torno a la protección de datos.
3. **Figura del delegado de protección de datos.**
4. **Evaluación de Impacto en la Protección de Datos Personales (PIA).**
5. **Nuevos códigos de conducta** para velar por la privacidad de datos.
6. **Certificados y sellos de cumplimiento** de la LOPD y RGPD.

+INFO

GuíaBurros LOPD y LSSI

LSSI, Ley de Servicios de la Sociedad de la Información y del Comercio Electrónico

Como autónomo, si utilizamos cualquier sistema de publicidad electrónica, contamos con una web de nuestro negocio o enviamos *e-mails* o SMS publicitarios, estaremos obligados a cumplir con esta ley.

Para adaptarnos a esta ley que regula la sociedad de la información y el comercio electrónico debemos ofrecer en nuestra web la siguiente información:

- **Datos generales de contacto:**
  - Nombre o Denominación Social.
  - Residencia o Domicilio (o dirección de establecimiento permanente).
  - Correo electrónico.
  - Cualquier otro dato para establecer comunicación directa y efectiva (Formulario de contacto, teléfono).

- **Datos de inscripción en el Registro:**
  - Autorización administrativa previa (si lo requiere).

- **Datos de profesión regulada:** es aquella profesión que solo se puede ejercer mediante unas condiciones determinadas por una ley o norma legislativa. Las condiciones suelen ser unos estudios oficiales. Por ejemplo, algunas profesiones reguladas son: dentista, farmacéutico, ingeniero, arquitecto, etc. En este caso, se deberá indicar:
  - Los datos del Colegio profesional al que, en su caso, pertenezca y número de colegiado.

- ▷ El título académico oficial o profesional con el que cuente.

- ▷ El Estado de la Unión Europea o del Espacio Económico Europeo en el que se expidió dicho título y, en su caso, la correspondiente homologación o reconocimiento.

- ▷ Las normas profesionales aplicables al ejercicio de su profesión y los medios a través de los cuales se puedan conocer, incluidos los electrónicos.

- **Número de identificación fiscal que corresponda:** NIF/CIF.

- **Cuando se haga referencia a precios** se facilitará información clara y exacta sobre el precio del producto o servicio, indicando si incluye o no los impuestos aplicables y, en su caso, sobre los gastos de envío.

- **Códigos de conducta.** Adherirte a un código de conducta es seguir un código de buenas prácticas que otros promocionan, por ejemplo: Sello aNerea o Confianza Online.

  Si ofrecen acceso telefónico a servicios de tarificación adicional (utilizan programas informáticos que efectúan funciones de marcación y que el usuario descarga), debe contar con su consentimiento previo, informado y expreso de:

  - ▷ Características, Funciones, Procedimiento (indicando el número que va a marcar),etc.

- **Si realizan actividades de contratación electrónica**, con carácter previo, deberán poner a disposición del usuario la siguiente información:
  - ▷ Trámites para celebrar el contrato.
  - ▷ Los distintos pasos que debe realizar el usuario para completar la compra.
  - ▷ Archivo del documento electrónico.
  - ▷ Si el prestador va a archivar el documento electrónico en el que se formaliza el contrato y si este va a ser accesible.
  - ▷ Medios técnicos para identificar y corregir errores.
  - ▷ Modificar o eliminar los datos introducidos.
  - ▷ Lengua o lenguas en las que se formaliza el contrato.
  - ▷ Poner a disposición del usuario las condiciones generales y con posterioridad la obligación de confirmar la aceptación del contrato. El prestador lo suele realizar mediante el envío de un correo de confirmación del pedido.

Cotización Autónomos RETA 2023

En el 2023 no solo habrá variación en la mayoría de las cuotas que los autónomos deben pagar a la Seguridad Social, también ha cambiado el sistema de cálculo de la misma.

Cotización por ingresos reales

Hasta el 2023, el propio autónomo tenía la posibilidad de elegir la base de cotización de la que se derivará la cuota a pagar, eso sí, con unos mínimos y unos máximos.

Cotización al RETA hasta 2023

En 2022, la base de cotización mínima para los autónomos con actividad fue de 960,6 € y para los autónomos societarios de 1 234,86 €. De estas bases de cotización y el tipo general del 2022, el 30,6 %, se derivaban las siguientes cuotas mínimas, 294,00 € para autónomos con actividad y 377,87 € para los autónomos societarios.

La base máxima de cotización en 2022 era de 4 139,40 €, generando una cuota de 1 266,66 €. Para los mayores de 47 años, la base máxima estaba limitada a 2 113,20 €.

Cotización al RETA a partir del 2023

En el 2023 se instaura la **"Cotización por ingresos reales"**, un sistema que elimina la posibilidad de elección de la base de cotización y, consecuentemente, de la cuota a pagar a la Seguridad Social.

El nuevo sistema *"laboraliza"* a los autónomos generando la obligación de cotización en función de **"el rendimiento NETO de la actividad"**. Este sistema cuenta, en la actualidad, con 15 tramos rendimientos netos que marcan la base de cotización y la cuota a pagar al RETA de cada autónomo.

¿Qué es y cómo se calcula el Rendimiento NETO de un autónomo?

El rendimiento NETO de un autónomo o, mejor dicho, de la actividad de un autónomo, es la diferencia entre los ingresos y los gastos deducibles a efectos del IRPF.

Esta cantidad se consideraría los Ingresos Reales que recibe el autónomo, la "nómina" que le queda después de liquidar cada mes.

Este sistema de cálculo, muy vinculado a lo que la Agencia Tributaria considera deducible en el IRPF, traslada también a la cuota del RETA, importantes problemas históricos con la figura del autónomo y lo que puede y no puede deducirse en el IRPF.

Aunque muchos pueden pensar que el autónomo puede y suele, deducirse más de lo que le corresponde, esto no suele ser así, en muchas actividades sucede lo contrario, del "rendimiento Neto" todavía hay muchos gastos que deben pagarse y no son DEDUCIBLES en el IRPF, o las condiciones puestas por Hacienda, no lo recomiendan.

Para intentar reducir el impacto de este sistema, se ha aprobado aplicar una reducción en concepto de **"gastos deducibles de difícil justificación"** del 7 % en el Rendimiento Neto para los autónomos con actividad propia y un 3% para los autónomos societarios.

Un reconocimiento claro por parte de la Seguridad Social de la situación borrosa del cálculo del rendimiento NETO.

¿Cómo se fija la cuota del autónomo a la Seguridad Social a partir del 2023?

A partir del 1 de enero del 2023 cambia el sistema de cotización a la seguridad social de los autónomos, que ya no podrán elegir su base de cotización, y deberán hacer una previsión de rendimiento neto para el año que empieza.

Para los nuevos autónomos será un acto de fe, deberán generar una previsión inicial de rendimiento neto y, en función de esta, obtener una cuota al RETA que pagar cada mes.

Los autónomos anteriores al 2022, también harán un acto de fe, aunque en este caso podrán directamente sacar el dato del año anterior, para en base a este, fijar su nueva cuota.

El autónomo, no olvidemos empresario sujeto al devenir de la actividad, tendrá hasta seis cambios posibles en la cuota a lo largo del año para poder ajustar la misma a las circunstancias del negocio.

Para obtener el rendimiento neto del 2022 debemos consultar los datos de este periodo, bien pidiendo el cálculo a la gestoría, bien calculándolo con los resultados de los trimestres.

Debemos tener en cuenta que el día uno del año en curso, todavía no hemos liquidado nuestro impuesto anual del IRPF, la RENTA, que no será calculada hasta mediados del año para el ejercicio anterior

Autónomos Colaboradores, ¿cómo cotizarán en el 2023?

Los autónomos colaboradores dependen del autónomo principal de la actividad y no tienen obligación de declarar trimestralmente sus ingresos. Esto ha hecho que se fije una cotización mínima para estos que será siempre la correspondiente al Salario Mínimo Interprofesional en cada momento.

Autónomos Societarios cotizarán por "Ingresos Reales"

Los autónomos societarios también estarán obligados a cotizar por ingresos reales a partir del 1 de enero de 2023.

Una diferencia con los autónomos con actividad es que tendrán una base mínima de cotización de 1 000 €.Si sus ingresos son mayores, deberán fijar su cuota en función de los tramos definidos en este nuevo sistema.

Otra diferencia importante está en el cálculo de los rendimientos Netos con la reducción de solo el 3 % como gastos de difícil justificación frente al 7 % que disfrutarán los autónomos no societarios.

¿Qué cuotas de autónomos al RETA están aprobadas para el 2023?

Para el 2023 se han aprobado 15 tramos, con sus bases de cotización y las cuotas correspondientes a la Seguridad Social, al RETA. Debemos destacar que los tres primeros tramos reducen la cuota mínima exigida hasta 2023 pero también, la base de cotización para futuras prestaciones.

Los tres primeros tramos de la tabla general de 1 166,70 € hasta los 1 700 € pagarán la misma cuota, salvo los que ganan menos de 1 300 € que tendrán una rebaja de 3 € mensuales.

COTIZACIÓN EN 2023				
TRAMO	BASE MÍNIMA	CUOTA	BASE MÁXIMA	CUOTA
<=670	751,63	230	849,66	260
>670 Y <=900	849,67	260	900	275
>900 Y <=1166,70	898,69	275	1166,7	357
>1166,70 Y <=1300	950,98	291	1300	398
>1300 Y <=1500	960,78	294	1500	459
>1500 Y <=1700	960,78	294	1700	520
>1700 Y <=1850	1013,07	310	1850	566
>1850 Y <=2030	1029,41	315	2030	621
>2030 Y <=2330	1045,75	320	2330	713
>2330 Y <=2760	1078,43	330	2760	845
>2760 Y <=3190	1143,79	350	3190	976
>3190 Y <=3620	1209,15	370	3620	1108
>3620 Y <=4050	1274,51	390	4050	1239
>4050 Y <=6000	1372,55	420	4139,4	1267
>6000	1633,99	500	4139,4	1267

A partir del tramo 4 hasta el tramo 12 de la tabla general, rendimientos netos de 1700 € en adelante, TODOS, verán aumentadas sus cuotas mensuales llegando en este 2023 a aumentar en 206 € mensuales su cuota.

	Núm. Tramo	Tramo rendimiento neto	Cuota mínima	Incremento cuota	Cotización mínima	Incremento cotización
2023						
Tabla reducida	1	Hasta 670	230€	-64€	751,63€	-208,97€
Tabla reducida	2	De 670 hasta 900	260€	-34€	849,67€	-111,60€
Tabla reducida	3	De 900 hasta 1166,70	275€	-19€	898,69€	-61,91€
Tabla general	1	De 1166,70 hasta 1300	291€	-3€	950,98€	-9,62€
Tabla general	2	De 1300 hasta 1500	294€	0€	960,78€	0,18€
Tabla general	3	De 1500 a 1700	294€	0€	960,78€	0,18€
Tabla general	4	De 1700 hasta 1850	310€	16€	1013,07€	52,47€
Tabla general	5	De 1850 hasta 2030	315€	21€	1029,41€	68,81€
Tabla general	6	De 2030 hasta 2330	320€	26€	1045,75€	85,15€
Tabla general	7	De 2330 hasta 2760	330€	36€	1078,43€	117,83€
Tabla general	8	De 2760 hasta 3190	350€	56€	1143,79€	183,19€
Tabla general	9	De 3190 hasta 3620	370€	76€	1209,15€	248,55€
Tabla general	10	De 3620 hasta 4050	390€	96€	1274,51€	313,91€
Tabla general	11	De 4050 hasta 6000	420€	126€	1372,55€	411,95€
Tabla general	12	Más de 6000	500€	206€	1633,99€	673,39€

¿Qué cuotas de autónomos al RETA están aprobadas para el 2024?

Para el 2024 están también aprobados 15 tramos, con sus bases de cotización y las cuotas correspondientes a la Seguridad Social, al RETA.

COTIZACIÓN EN 2024				
TRAMO	BASE MÍNIMA	CUOTA	BASE MÁXIMA	CUOTA
<=670	735,29	225	819,98	250
>670 Y<=900	816,99	250	900	275
>900 Y <=1166,70	872,55	267	1166,7	357
>1166,70 Y <=1300	950,98	291	1300	398
>1300 Y <=1500	960,78	294	1500	459
>1500 Y <=1700	960,78	294	1700	520
>1700 Y <=1850	1045,75	320	1850	566
>1850 Y <=2030	1062,09	325	2030	621
>2030 Y <=2330	1078,43	330	2330	713
>2330 Y <=2760	1111,11	340	2760	845
>2760 Y <=3190	1176,47	360	3190	976
>3190 Y <=3620	1241,83	380	3620	1108
>3620 Y <=4050	1307,19	400	4050	1239
>4050 Y <=6000	1454,25	445	4139,4	1267
>6000	1732,03	530	4139,4	1267

	2024					
	Núm. Tramo	Tramo rendimiento neto	Cuota mínima	Incremento cuota	Cotización mínima	Incremento cotización
Tabla reducida	1	Hasta 670	225€	-69€	735,29€	-225,31€
	2	De 670 hasta 900	250€	-44€	816,99€	-143,61€
	3	De 900 hasta 1166,70	267€	-27€	872,55€	-88,05€
Tabla general	1	De 1166,70 hasta 1300	291€	-3€	950,98€	-9,62€
	2	De 1300 hasta 1500	294€	0€	960,78€	0,18€
	3	De 1500 a 1700	294€	0€	960,78€	0,18€
	4	De 1700 hasta 1850	320€	26€	1045,75€	85,15€
	5	De 1850 hasta 2030	325€	31€	1062,09€	101,49€
	6	De 2030 hasta 2330	330€	36€	1078,43€	117,83€
	7	De 2330 hasta 2760	340€	46€	1111,11€	150,51€
	8	De 2760 hasta 3190	360€	66€	1176,47€	215,87€
	9	De 3190 hasta 3620	380€	86€	1241,83€	281,23€
	10	De 3620 hasta 4050	400€	106€	1307,19€	346,59€
	11	De 4050 hasta 6000	445€	151€	1454,25€	493,65€
	12	Más de 6000	530€	236€	1732,03€	771,43€

Debemos destacar que los tres primeros tramos reducen la cuota mínima exigida hasta 2023 y la del 2023. También debemos tener en cuenta la reducción de la base de cotización que se mantiene para futuras prestaciones. Los tres primeros tramos de la tabla general de 1166,70 € hasta los 1700 € pagarán la misma cuota, salvo los que ganan menos de 1300 € que tendrán una rebaja de 3 € mensuales. A partir del tramo 4 hasta el tramo 12 de la tabla general, rendimientos netos de 1700 € en adelante, TODOS, verán aumentadas sus cuotas mensuales con respecto al sistema anterior y con respecto al 2024, llegando en este 2025 a aumentar en 296 € mensuales su cuota, 60 € mas al mes que el año anterior. En este 2025 cabe destacar que la cuota que mas sube respecto al año 2024, el año anterior, es la del tramo 10 de 3620,00 € hasta los 4050 € que subirá 90 € al mes en el 2025.

¿Qué cuotas de autónomos al RETA están aprobadas para el 2025?

Para el 2025 están también aprobados 15 tramos, con sus bases de cotización y las cuotas correspondientes a la Seguridad Social, al RETA. Debemos destacar que los tres primeros tramos reducen la cuota mínima exigida hasta 2023 y la del 2023 pero también, la base de cotización para futuras prestaciones. Los tres primeros tramos de la tabla general de 1166,70 € hasta los 1700 € pagarán la misma cuota, salvo los que ganan menos de 1300 € que tendrán una rebaja de 3 € mensuales.

COTIZACIÓN EN 2025				
TRAMO	BASE MÍNIMA	CUOTA	BASE MÁXIMA	CUOTA
<=670	653,59	200	718,94	260
>670 Y <=900	718,95	220	900	275
>900 Y <=1166,70	849,67	260	1 166,7	357
>1166,70 Y <=1300	950,98	291	1 300	398
>1300 Y <=1500	960,78	294	1 500	459
>1500 Y <=1700	960,78	294	1 700	520
>1700 Y <=1850	1 143,79	350	1 850	566
>1850 Y <=2030	1 209,15	370	2 030	621
>2030 Y <=2330	1 274,51	390	2 330	713
>2330 Y <=2760	1 356,21	415	2 760	845
>2760 Y <=3190	1 437,91	440	3 190	976
>3190 Y <=3620	1 519,61	465	3 620	1 108
>3620 Y <=4050	1 601,31	490	4 050	1 239
>4050 Y <=6000	1 732,03	530	4 139,4	1 267
>6000	1 928,1	590	4 139,4	1 267

A partir del tramo 4 hasta el tramo 12 de la tabla general, rendimientos netos de 1 700 € en adelante, TODOS, verán aumentadas sus cuotas mensuales con respecto al sistema anterior y con respecto al 2023, llegando en este 2024 a aumentar en 236 € mensuales su cuota, 30 € mas al mes que el año anterior.

	Núm. Tramo	Tramo rendimiento neto	Cuota mínima	Incremento cuota	Cotización mínima	Incremento cotización
		2025				
Tabla reducida	1	**Hasta 670**	200 €	-94 €	653,59 €	-307,01 €
Tabla reducida	2	**De 670 hasta 900**	200 €	-74 €	718,95 €	-241,65 €
Tabla reducida	3	**De 900 hasta 1 166,70**	260 €	-34 €	849,67 €	-110,93 €
Tabla general	1	**De 1 166,70 hasta 1 300**	291 €	-3 €	950,98 €	-9,62 €
Tabla general	2	**De 1 300 hasta 1 500**	294 €	0 €	960,78 €	0,18 €
Tabla general	3	**De 1 500 a 1 700**	294 €	0 €	960,78 €	0,18 €
Tabla general	4	**De 1 700 hasta 1 850**	350 €	56 €	1 143,79 €	183,19 €
Tabla general	5	**De 1 850 hasta 2 030**	370 €	76 €	1 209,15 €	248,55 €
Tabla general	6	**De 2 030 hasta 2 330**	390 €	96 €	1 274,51 €	313,91 €
Tabla general	7	**De 2 330 hasta 2 760**	415 €	121 €	1 356,21 €	395,61 €
Tabla general	8	**De 2 760 hasta 3 190**	440 €	146 €	1 437,91 €	477,31 €
Tabla general	9	**De 3 190 hasta 3 620**	465 €	171 €	1 519,61 €	559,01 €
Tabla general	10	**De 3 620 hasta 4 050**	490 €	196 €	1 601,31 €	640,71 €
Tabla general	11	**De 4 050 hasta 6 000**	530 €	236 €	1 732,03 €	771,43 €
Tabla general	12	**Más de 6 000**	590 €	296 €	1 928,10 €	967,50 €

Costes del autónomo

Los costes que tiene un autónomo, gastos, impuestos, cotizaciones, etc.

Los costes que debe asumir el autónomo dependen fundamentalmente del tipo de actividad que realice y del tipo de autónomo que sea.

Vamos a repasar los gastos más comunes para todos los autónomos, gastos que de manera mensual o trimestral debe asumir para mantener su negocio en marcha.

- **Cuota de la Seguridad Social.**
- **IRPF.**
- **IVA.**
- **Asesoría.**
- **Empleados.**
- **Dominio y alojamiento en Internet.**
- **Local u oficina.**
- **Teléfono e Internet.**
- **Material de oficina.**
- **Aplicaciones informáticas.**
- **Seguros.**
- **Compra de mercadería.**
- **Comisiones bancarias.**

Cuota de la Seguridad Social

Obligatorio para todos los autónomos. La cuota mínima en 2022 para los autónomos con actividad era de 294,00 € y para los societarios 377,87 €, **a partir de 2023 se calcula por "Ingresos Reales" en función del rendimiento neto de cada autónomo y los tramos aprobados a tal efecto.**

Si es la primera vez que eres autónomo o hace más de dos años que lo fuiste y no la utilizaste, (tres años si hiciste uso de ella), podrás disfrutar de un periodo de 12 meses con una tarifa reducida de 80 € para las cotizaciones mínimas, después otros 12 meses con la tarifa de 80 € si sus rendimientos netos no superan el Salario Mínimo Interprofesional.

Retenciones IRPF

Dependiendo de nuestra actividad, si es profesional o empresarial, y del sistema de tributación elegido, Régimen de Estimación Objetiva (módulos) o Régimen de Estimación Directa, tendremos unos u otros pagos que realizar.

Si nuestra actividad es profesional y estamos facturando a empresas o autónomos estaremos reduciendo nuestra facturación en un 7 % por ciento si somos nuevos autónomos, o en un 15 % si ya hemos superado los tres años de actividad. Esta retención que realizamos en nuestras facturas suponen una reducción en nuestra facturación y, aunque no la tendremos que pagar como tal, sí está minorando nuestros ingresos de manera significativa.

⚠ **IMPORTANTE**

Si la facturación a empresas y autónomos no es superior al 70 % del total, deberemos también pagar IRPF trimestral que ascenderá al 20 % del beneficio en el periodo.

Si nuestra actividad es empresarial, cada trimestre deberemos ingresar en Hacienda el 20 % de nuestro beneficio en el periodo a modo de retención de IRPF.

👁 **¡OJO!**

Hablamos de beneficio y no de facturación, si nuestro negocio no está generando beneficio no tendremos que hacer ingresos de retención por el IRPF.

Los autónomos que tributan en estimación objetiva, módulos, pagarán una cantidad fija al trimestre calculada en función de parámetros determinados por su actividad, en un restaurante el número de mesas, en una panadería la superficie del horno, etc.

Estos pagos de IRPF que debemos hacer, bien en las facturas, bien en las liquidaciones trimestrales son **retenciones,** que después, en la declaración de la renta contarán como ingresos a cuenta para determinar si debemos pagar más de lo ya retenido o por el contrario es la Agencia Tributaria quien debe devolvernos parte de estos pagos a cuenta.

👁 ¡OJO!

Autónomos societarios y autónomos colaboradores con nómina no tendrán que liquidar IRPF ya que será la empresa o el autónomo principal quien realizará las retenciones en la nómina que ingresará en su nombre en Hacienda.

IVA, Impuesto sobre el Valor Añadido

En la mayoría de los casos el autónomo deberá liquidar IVA cada trimestre, aunque también se puede dar el caso de liquidaciones mensuales, bien por obligación o por elección del autónomo.

Dependiendo de la actividad, de las especificaciones tributarias y del tipo de operaciones existen autónomos que no deben liquidar IVA. Ejemplo, actividades médicas exentas de IVA, autónomos en recargo de equivalencia, etc.

Los autónomos en estimación directa deberán liquidar el IVA del trimestre en función del IVA repercutido, lo que han facturado con IVA, y el IVA devengado, lo que han gastado con IVA. La diferencia entre estas dos cantidades determinará si el autónomo debe ingresar la diferencia en Hacienda o, si por el contrario, al ser negativa, compensar en los siguientes trimestres. A final de año también podrá solicitar la devolución de las cantidades a su favor. Por lo general, cuando el autónomo está en beneficios, más ingresos que gastos, tendrá que abonar mensual o trimestralmente la diferencia de IVA en Hacienda.

En el caso de autónomos en Estimación Objetiva (módulos), será la fórmula específica del módulo al que está asociado el autónomo la que determinará la cantidad fija que se abonará de IVA cada trimestre, dejando el cuarto trimestre para la regularización de los importes con la contabilización de las facturas pertinentes.

> **👁 ¡OJO!**
>
> Autónomos societarios y autónomos colaboradores no emiten ni reciben facturas con lo que no deben declarar ni liquidar IVA.

Asesoría

Para poder dedicar todo el tiempo y esfuerzo a la actividad propia del autónomo, es recomendable contar con un servicio de asesoría que pueda resolver las dudas del autónomo y se encargue de la confección y presentación de las obligaciones contables y fiscales.

Para garantizarnos el mejor servicio de Asesoría debemos contar con:

- **Asesoramiento personalizado:** existen grandes diferencias entre los diversos tipos de autónomos y las posibles especialidades tributarias.
- **Asesoramiento contínuo:** los cambios normativos son frecuentes y el autónomo debe cumplir con todos ellos desde su aplicación.

- **Asesoramiento especializado:** contar con una asesoría especializada que ya trabaje con autónomos en nuestra actividad y con características parecidas garantizará el mejor servicio posible.
- **Con servicio contable:** para el cumplimiento de las obligaciones contables y fiscales específicas en nuestro caso.
- **Con asesoramiento fiscal:** para garantizar que no estemos pagando de más en nuestras obligaciones tributarias.

En la actualidad existen gestorías que dan servicio a miles de autónomos y que, por su volumen y especialización, podrán ofrecerte el mejor asesoramiento y todos los servicios necesarios para cumplir con las obligaciones contables y fiscales sin pagar de más.

El coste de una asesoría puede ir desde los 39 € al mes hasta los 150 €, pero recuerda que el precio en estos servicios no está directamente relacionado con la calidad y si más con el volumen de clientes y el tamaño de la asesoría.

Te recomiendo que busques la asesoría que te pueda ofrecer más garantías por su volumen y experiencia y que te ofrezca el precio más ajustado.

👁 **¡OJO!**

Autónomos societarios y autónomos colaboradores, al no tener actividad propia y no liquidar impuestos, salvo la declaración de la renta anual, no tienen necesidad de contratar una asesoría de manera mensual.

Empleados

Si el autónomo necesita tener empleados para la realización de la actividad, deberá contar con nuevos costes en su actividad.

La contratación de empleados conlleva los siguientes costes:

- **Nóminas:** el importe neto que liquidamos cada mes a nuestros trabajadores.

> ⚠ **IMPORTANTE**
> *Debemos tener en cuenta el convenio en el que estarán inscritos los trabajadores por la actividad del autónomo para determinar salarios mínimos por categoría y fijar las pagas extra que corresponden.*

- **Seguridad Social:** en función del trabajador, del tipo de contrato y de la cuantía deberemos liquidar una cuota mensual a la Seguridad Social.
- **Retención IRPF:** dependiendo de la cuantía y la situación personal del trabajador se deberá realizar una retención en la nómina que será liquidada en Hacienda de manera trimestral.
- **Asesoría:** para asesoramiento, altas y bajas de trabajadores, la confección de nóminas, la liquidación y presentación de seguros sociales y todo lo necesario para cumplir con las obligaciones laborales es recomendable contratar los servicios de una asesoría.

Aunque, como hemos dicho, los costes van a depender del número de horas, tipo de contrato, categoría del trabajador y convenio de la actividad podemos aplicar la siguiente tabla para hacernos una idea de los costes que debemos asumir por cada trabajador.

Si el salario neto, lo que va a recibir el trabajador en su cuenta bancaria, es:

NETO/MES	IRPF	S.S. TOTAL
300 €	0 €	120,45 €
600 €	0 €	240,9 €
1 000 €	33,09 €	414,78 €
1 500 €	241,78 €	699,32 €
2 000 €	443,57 €	981,08 €
3 000 €	959,83 €	1 602,53 €

* Datos aproximados.

* Despachos y oficinas, contrato de trabajo indefinido, recibiendo estos salarios en 12 pagas al año (prorrateando mensualmente la parte proporcional del las pagas extraordinarias) y aplicando un IRPF ordinario de personas solteras o casadas sin cónyuge a su cargo y sin hijos.

💡 CONSEJO

Siempre negociar los salarios de los empleados en sueldo BRUTO anual, así no tendrás sorpresas con las pagas extras ni con las retenciones del IRPF.

+INFO

GuíaBurros: Contratación Laboral

Dominio y alojamiento en Internet

Cualquier autónomo con actividad propia debería tener su propia página web, será la tarjeta de presentación para posibles clientes y proveedores.

El dominio es la dirección específica que vamos a tener para nuestra página web y la podemos comprar por unos diez euros anuales.

Pero, para tener nuestra propia página web necesitaremos contratar un *hosting* o alojamiento web donde se garantice el acceso a nuestros contenidos desde cualquier punto de Internet y en cualquier momento del día y de la noche.

Con el alojamiento y el dominio tendremos también acceso al correo electrónico corporativo, unas direcciones de *e-mail* con el dominio de nuestro negocio y los buzones que consideremos necesarios para la actividad a desarrollar.

El alojamiento web para un portal informativo puede ir desde los 10 € a los 50 € mensuales, dependiendo de las funcionalidades y capacidades que queramos contratar.

El diseño y la programación del sitio web pueden suponernos un pequeño coste inicial, entre los 100 € y los 1 000 €, dependiendo del tipo de web que estemos buscando.

Local, oficina o almacén

Si nuestra actividad como autónomo requiere el uso de un local comercial, de una oficina o/y de un almacén deberemos contar con un grupo de gastos específicos en nuestro negocio. Si disponemos de las instalaciones necesarias en propiedad, deberemos contar con gastos de suministro como **agua, luz y gas,** además de tasas e impuestos vinculados con las instalaciones, por ejemplo el IBI, las tasas municipales por el vado, etc.

El autónomo que no disponga de las instalaciones necesarias deberá alquilarlas, añadiendo un nuevo gasto mensual a la actividad.

Es muy importante tener claras las necesidades para la actividad a realizar, no tendrá el mismo precio el alquiler de un local comercial con mucho paso de posibles clientes que una oficina o un almacén.

Si por las circunstancias del autónomo la actividad se puede realizar desde casa, no está de más, poder imputar parte de los gastos de luz, agua y gas a la actividad que se está realizando. Además, hay parte que podríamos deducirnos como gasto.

La Ley de Reformas Urgentes del Trabajo Autónomo permite deducirse el 20 % de los suministros de luz, agua y gas en función del % afecto a la actividad.

Teléfono e Internet

Hoy en día, prácticamente para cualquier actividad, es imprescindible contar con una línea de teléfono, fija o/y móvil y un buen acceso a Internet.

Cada vez es más frecuente prescindir del teléfono fijo y trabajar directamente con los teléfonos móviles, aunque sea con numeración fija. Existe mucha oferta para estos servicios y es importante contratar el producto que mejor se adapte a las necesidades del autónomo y su actividad.

La Ley de Reformas Urgentes del Trabajo Autónomo permite deducirse el 20 % del gasto de teléfono e Internet en función del % afecto a la actividad.

Material de oficina

Dispongamos de oficina o no, el material de papelería va a ser imprescindible, bolígrafos, folios, archivadores, sellos, etc. Y, aunque solo sea para generar las facturas e imprimirlas nos hará falta un ordenador y una impresora y los suministros necesarios que conlleva.

Dependiendo de la actividad del autónomo y de la tecnología que utilice, deberá contar con más o menos gasto en esta partida.

Aplicaciones informáticas

Si para el desarrollo de la actividad el autónomo necesita algún tipo de herramienta informática y esta, además de la compra inicial, requiere de un mantenimiento mensual, deberemos tenerlo también en cuenta en nuestra hoja de gastos.

En una tienda suele ser necesario el uso de aplicaciones de punto de venta, que se encargan de la facturación, la gestión de *stock* e incluso la gestión de cobro.

Aplicaciones de facturación, CRMs, ERPs también suelen ser habituales en algunos autónomos.

Seguros

Normalmente este tipo de gasto es anual y podemos encontrar desde seguros ligados al local, oficina o almacén hasta seguros de responsabilidad civil para proteger al autónomo en el desempeño de su actividad.

En otros casos existen seguros propios de la actividad como puedan ser los seguros agrarios o ganaderos o relacionados con la posible baja o incapacidad del autónomo para realizar su actividad.

Es importante analizar qué tipo de seguro necesita cada autónomo y contratarlo con profesionales que garanticen las coberturas necesarias.

Compra de mercadería

Si tu negocio se dedica a la venta de productos, con transformación o sin ella, necesitarás dedicar recursos a la compra de mercaderías.

Dependiendo de la actividad, esta partida de gastos puede ser muy importante en la gestión de la tesorería de tu negocio.

Comisiones bancarias

Como autónomos vamos a necesitar una cuenta bancaria para pagar la Seguridad Social, los impuestos, los suministros, etc. Debemos tener en cuenta las comisiones de estas cuentas, bien de mantenimiento, por las tarjetas, por operaciones como transferencia, etc.

Además, si necesitamos cobrar a nuestros clientes con tarjeta de crédito o por recibo, deberemos contratar el servicio con nuestra entidad financiera y pagar las comisiones y gastos que de este proceso se generen.

En muchos casos tendremos coste por pagar, al hacer una transferencia, y coste por cobrar al habilitar un TPV para el cobro por tarjeta o utilizar los sistemas de cobro por recibo.

Es importante conocer estos gastos e intentar reducirlos al máximo con una buena negociación.

Subvenciones y ayudas

Lo que necesitas saber sobre subvenciones y ayudas al autónomo

Existen diferentes ayudas, subvenciones y bonificaciones de las que se pueden beneficiar los autónomos en el desarrollo de su actividad. Normalmente estas ayudas son de ámbito nacional pero gestionadas desde las diferentes Comunidades Autónomas, que aunque mantienen el espíritu general, sí aportan diferencias en cuanto a las cuantías, requisitos e importes de las mismas. Es importante que las subvenciones, ayudas y bonificaciones, sean consideradas por el autónomo como una mejora para su actividad, pero nunca como fundamentales o imprescindibles para poder poner en marcha el negocio.

> ⚠️ **IMPORTANTE**
>
> *No contar con las ayudas para poder empezar, si finalmente se consiguen, supondrán una ventaja adicional.*

En la actualidad podríamos dividir las subvenciones y ayudas disponibles para los autónomos en tres bloques principales:

1. Para la inversión.
2. Para la promoción del empleo autónomo.
3. Para la generación de empleo.

Ayudas y subvenciones para la inversión

Ayudas y subvenciones que deben ser dedicadas a la inversión en la actividad del autónomo. Dentro de este grupo podemos encontrar las siguientes subvenciones:

- **A fondo perdido:** son las más complicadas de conseguir y durante esta crisis las que más recortes y paralizaciones han sufrido. Hablamos del programa de promoción del empleo autónomo, de los programas de creación y modernización tecnológica, de los programas específicos para promover el emprendimiento femenino, para el desarrollo rural o para determinados sectores.

- **Capitalización del paro:** permite cobrar en un solo pago la prestación pendiente por desempleo para poner en marcha una actividad como autónomo.
  En la actualidad se puede cobrar el 100 % de la prestación en pago único, siempre y cuando se justifique la inversión. La parte no justificada se podrá aplicar al pago de las cuotas de la Seguridad Social.

  ◉ ¡OJO!

  Muy importante, deberemos solicitar la capitalización del desempleo ANTES de darnos de alta como autónomos.

- **Financiación bonificada:** con este tipo de ayuda vas a conseguir una reducción en los tipos de interés. Hablamos de préstamos que ofrece el **ICO, Instituto de**

Crédito oficial, o ENISA, con líneas de financiación sin aval para proyectos de innovación tecnológica, o ciertos fondos reembolsables que ofrecen las Comunidades Autónomas.

- **Ayudas sectoriales:** ayudas a sectores como el comercio minorista, la artesanía, el turismo, la agricultura, etc. Son programas que organizan las Comunidades Autónomas para fomentar este tipo de sectores.

- **Ayudas a la economía social:** son ayudas bien para la inversión, para la generación de empleo o para la financiación de proyectos en cooperativa y sociedades laborales. Dependen de los planes específicos de cada Comunidad Autónoma.

- **Ayudas para el emprendimiento femenino:** algunas Comunidades Autónomas cuentan con ayudas específicas para el desarrollo del emprendimiento femenino, pudiendo subvencionar parte de la inversión necesaria.

- **Ayudas al desarrollo rural:** si el ámbito de tu negocio es rural, puedes consultar el Programa de Desarrollo Rural de tu Comunidad Autónoma.

Bonificaciones y subvenciones Promoción del empleo autónomo

Estas medidas buscan convertir en autónomos a las personas que se encuentran en situación de desempleo.

Las bonificaciones en la cuota de la Seguridad Social son:

- **Autónomos jóvenes:** mujeres menores de 35 y hombres menores de 30 pueden solicitar una reducción en la cuota de autónomo del 30 % durante los durante 12 meses siguientes a la finalización del periodo de bonificación previsto con carácter general.

- **Nuevos autónomos:** más conocida como tarifa plana o tarifa nuevos autónomos:
  - ⊳ **Primeros 12 meses:** La cuota mensual es de 80 euros para aquellos que coticen por la base mínima.
  - ⊳ **Desde el mes 12 hasta el 24:** Las personas que tengan unos rendimientos netos que no superen el Salario Mínimo Interprofesional durante el segundo año pagan 80 euros.

En caso de superar el SMI, se pierde la bonificación y se aplica la cuota correspondiente a su tramo de cotización según sus rendimientos netos.

Para poder beneficiarse de estas bonificaciones existen **tres requisitos:**

1. No haber estado de alta como autónomo en los últimos 2 años (en caso de haber disfrutado esta bonificación el plazo subirá a 3 años).

2. No ser autónomo colaborador o pluriactivo. Los autónomos colaboradores (autónomos familiares) tienen sus propias bonificaciones. La bonificación por pluriactividad, estando dados de alta tanto en el RETA como en el Régimen General, no son compatibles con la tarifa nuevos autónomos.

3. Estar al corriente de pago con Hacienda y la Seguridad Social.

- **Autónomos con discapacidad:** tarifa plana de 80 € para los autónomos con al menos un 33 % de discapacidad.

  ⊳ **Primeros 24 meses:** se establecerá una cuota reducida de 80 € al mes durante.

  ⊳ **Del mes 25 hasta el mes 60:** se establece una cuota reducida de 160 € para los siguientes 3 años (36 meses).

Esta bonificación adicional está sujeta a que los rendimientos netos no superen el Salario Mínimo Interprofesional (SMI).

Para poder beneficiarse de estas bonificaciones existen **cinco requisitos:**

1. No haber estado de alta como autónomo en los cinco años anteriores.

2. No ser autónomo societario, no ser administrador de una sociedad.

3. No ser autónomo colaborador.

4. No haberse beneficiado en el pasado de alguna bonificación para autónomos aunque hayan pasado más de 5 años.

5. Tener una discapacidad de al menos el 33 %.

- **Autónomas que se reincorporen a la actividad tras el nacimiento:** además de contar con una bonificación del 100 % en la cuota de autónomos durante el cese de la actividad por maternidad, paternidad, adopción, acogimiento o riesgo durante el embarazo, cuando se produzca la reincorporación a la actividad se podrán beneficiar de la siguiente bonificación:
  - ⊳ **Los primeros 24 meses:** reducción de la cuota de autónomos del 80 %.

> ✄ NOVEDAD: la *Ley de Reformas Urgentes del Trabajo Autónomo* permite las bonificaciones del 100 % sin necesidad de contratar otro trabajador para sustituirlo.

- **Autónomos colaboradores:** el objetivo de esta bonificación es aflorar la cotización de aquellos familiares de los autónomos, que no cotizan a pesar de trabajar en el negocio familiar.
  - ⊳ **Los 18 primeros meses:** una bonificación del 50 % en la cuota de la Seguridad Social.
  - ⊳ **Los 6 meses siguientes:** una bonificación del 25 % en la cuota de autónomo.

- **Autónomos de Ceuta y Melilla:** los autónomos de sectores como comercio, hostelería, turismo e industria que residan y realicen su actividad en Ceuta o Melilla tendrán una reducción del 50 % en las contingencias comunes con carácter indefinido.

Los autónomos también podrán disponer de cuatro tipos de subvenciones generales cuyo alcance, requisitos y cuantías dependen de las condiciones particulares en cada Comunidad Autónoma:

- **Subvención por establecimiento por cuenta propia:** son subvenciones que pueden llegar hasta los 10 000 € y cuya cuantía dependerá de cada Comunidad Autónoma para los siguientes colectivos de desempleados:
  - ▶ Todos.
  - ▶ Mujeres.
  - ▶ Jóvenes menores de 30 años.
  - ▶ Discapacitados.

- **Subvenciones formación:** subvenciones de hasta un 75 % de los cursos recibidos con un máximo de 3 000 €.

- **Subvenciones asistencia técnica:** subvenciones de hasta un 75 % de los servicios recibidos con un máximo de 2 000€.

- **Subvenciones financieras:** para reducir hasta en cuatro puntos el tipo de interés en financiaciones con entidades de crédito. No podrá superar los 10 000 € y puede tener ciertas limitaciones en el destino de los fondos.

Bonificaciones al empleo tras la Reforma laboral

Tras la reforma laboral, La Dirección General de Trabajo y el SEPE publicaron una nota conjunta informando del mantenimiento de las bonificaciones para contratar tras la entrada en vigor del RD Ley 32/2021.

- **Bonificación por contrato para la formación en alternancia.** Bonificación del 100 % de los seguros sociales para empresas y autónomos de menos de 250 trabajadores durante un máximo de 2 años. Además recibirán una bonificación adicional de:
  - ▷ Entre 60 y 80 €, en concepto de tutorización del trabajador.

- **Bonificaciones por conversiones de contratos en indefinido.** La conversión de los contratos no indefinidos a indefinidos sigue estando bonificados.
  - ▷ Conversiones de contrato de formación en alternancia en indefinido.
  - ▷ Conversiones de contratos de prácticas en indefinido.
  - ▷ Conversiones de contratos de relevo y sustitución por jubilación en indefinido.

- **Bonificaciones a la contratación de personas mayores de 45 años.** Los autónomos seguirán pudiendo celebrar contratos con trabajadores desempleados mayores de 52 años, que sean beneficiarios del subsidio del artículo 274 del RD Legislativo 8/2015, a tiempo completo y de forma indefinida.

El empleador se podrá beneficiar de la bonificación que corresponda en **caso de contratación indefinida** si se cumplen los requisitos de la Ley 43/2006 o del RD Ley 8/2019.

- **Bonificaciones para personas con discapacidad.** Para trabajadores discapacitados, se pueden aplicar las siguientes bonificaciones, en función de su perfil y tipo de contrato (Ley 43/2006):
  - ▷ Contrato indefinido o transformación en indefinido.
  - ▷ Contrato temporal.

  También existen bonificaciones del 100 % de la cuota empresarial por:
  - ▷ La contratación indefinida o temporal o conversión en indefinido de contratos temporales por un Centro especial de empleo.
  - ▷ Contratos de interinidad, durante toda la vigencia del contrato (Ley 43/2006 y Ley 45/2002).
  - ▷ Contrato de formación en alternancia, aplicándose la bonificación del 100% de los seguros sociales durante toda la vigencia del contrato. En caso de discapacidad no se aplicará límite de edad.

- **Bonificación para la contratación indefinida de parados de larga duración.** Se mantiene la bonificación que introdujo el Real Decreto Ley 8/2019 para la contratación indefinida. Esta bonificación podrá aplicarse durante 3 años, siempre que se mantenga el nivel de empleo total alcanzado con esa contratación y se mantenga contratado al trabajador como mínimo 2 años.

En caso de incumplimiento, el autónomo debería devolver los beneficios aplicados.

👁 ¡OJO!

Parado de larga duración = Trabajador inscrito como demandante de empleo al menos 12 meses, de los 18 anteriores al alta.

- **Bonificaciones para colectivos en riesgo de exclusión y víctimas de diferentes circunstancias.** Se mantienen las bonificaciones para:
  - ▷ Víctimas de violencia de género, trata de seres humanos y víctimas de terrorismo.
  - ▷ Trabajadores en riesgo de exclusión social.
  - ▷ Colectivos muy específicos por el perfil del trabajador, o la actividad, que aparecen publicadas en la sección de bonificaciones del SEPE.

- **Bonificaciones para la conciliación de la vida personal, laboral y familiar.** Son bonificaciones para los contratos de interinidad que se aplican para sustituir a trabajadores en situación de excedencia por el cuidado de familiares.
  - ▷ Persona beneficiaria de prestaciones por desempleo para sustituir al trabajador, mientras dure la excedencia.

Bonificaciones para los contratos de interinidad para sustituir a trabajadores en descanso por maternidad, adopción, acogimiento, paternidad o riesgo durante el embarazo o la lactancia.

Bonificación del 100 % de la cuota empresarial y recaudación conjunta, tanto del trabajador sustituido, como del interino contratado, durante la vigencia completa del contrato.

- **Bonificaciones para contratos de duración determinada.** El contrato de duración determinada regulado en el artículo 15 del Estatuto de los Trabajadores mantendrá la aplicación de los beneficios en la cotización a la Seguridad Social establecidos para los contratos de trabajo temporales o de duración determinada para determinados colectivos en la Ley 43/2006, de 29 de diciembre. Y los incentivos a los contratos de interinidad del Real Decreto Ley 11/1998, de 4 de septiembre.

Alta de autónomo

¿Cómo se da de alta un autónomo?

Los trámites necesarios para darse de alta como autónomo son fundamentalmente dos, el alta en Hacienda y el alta en la Seguridad Social, pero si tu actividad se realiza en un local deberás también solicitar las licencias de apertura y/o la licencia de obra y si vas a contar con trabajadores a tu cargo, el alta ante los organismos de trabajo.

Los dos trámites principales, el alta en Hacienda y el alta en Seguridad Social no tienen coste asociado, podrás solicitar cita previa y realizarlos tú mismo de manera presencial. Se puede tramitar en una mañana. También puedes realizarlo a través de un centro autorizado con Punto de Atención al Emprendedor (PAE) de manera *online* sin necesidad de desplazamientos.

> **💡 CONSEJO**
>
> *Es importante el asesoramiento especializado para elegir el epígrafe que mejor se adapte a las necesidades del autónomo y para la elección del sistema de tributación más beneficioso en cada caso, estimación directa simplificada o estimación objetiva, siempre que la actividad y el volumen de negocio previsto lo permitan.*

Alta en Hacienda

Antes de empezar la actividad deberás darte de alta en Hacienda con la presentación de la declaración censal, modelo 036 o 037, este último versión simplificada, donde notificarás tus datos, la dirección de tu negocio, la actividad o actividades que vas a realizar y los impuestos que deberás presentar.

Es muy importante contar con asesoramiento especializado para la realización de esta declaración censal, deberás dar de alta los impuestos que debes presentar y que en algunos casos dependerán de las circunstancias específicas de cada negocio, por ejemplo, si vamos a disponer de una oficina o local alquilado deberemos darnos de alta en el modelo 115 trimestral, si vamos a tener trabajadores o trabajar con profesiones con retención, el modelo 111 y así, con los diferentes modelos a presentar.

Además, en la declaración censal deberás escoger al menos un epígrafe del IAE que defina tu actividad o actividades, el problema es que, aunque el listado de IAE es extenso, no siempre está clara la correspondencia con una actividad concreta, te recomiendo que pidas asesoramiento a un gestor experto o en la misma Agencia Tributaria.

👁 **¡OJO!**

Lo normal es que te encuentres exento del pago del IAE, solo deben pagarlo los que facturan más de un millón de euros, si no fuera así, deberás presentar el modelo 840/848.

⚠ **IMPORTANTE**

Cualquier variación en nuestra situación deberá ser comunicada a la Agencia Tributaria mediante la presentación de un nuevo modelo 036/037.

Alta en la Seguridad Social

Una vez tengas el alta en Hacienda dispondrás de 30 días para realizar el alta en la Seguridad Social como autónomo, bien de manera presencial en cualquier oficina de La Tesorería General de la Seguridad Social, por internet con certificado digital o DNI electrónico o a través de un centro PAIT.

Deberás presentar el modelo TA 0521 y rellenarlo en función del tipo de autónomo y según la actividad a realizar. También te solicitarán una copia del DNI y del alta en Hacienda.

Al darte de alta definirás la base de cotización y las coberturas por las que cotizarás. Actualmente la cotización por enfermedad profesional y por desempleo y formación son obligatorias para la gran mayoría de los autónomos.

👁 **¡OJO!**

Para ingresos inferiores al Salario Mínimo Interprofesional DEBES darte de alta en Seguridad Social como autónomo. Es cierto que existe jurisprudencia que da la razón a algunos autónomos que no lo hicieron, pero después de llevar el asunto a los tribunales. Cada caso será juzgado.

Gracias a la Ley de Reformas Urgentes del Trabajo Autónomo, los autónomos cotizarán únicamente por los días en los que estén efectivamente dados de alta, y no por meses completos como sucedía anteriormente a esta reforma.

Alta y licencias en el Ayuntamiento

Si vas a realizar tu actividad en un local o establecimiento, deberás solicitar la **licencia de apertura** en el ayuntamiento correspondiente, normalmente en el área de urbanismo. Este permiso municipal dependerá de la localización del local, de su tamaño y de la actividad a realizar.

Las actividades se dividen en inocuas y calificadas siendo diferentes los requisitos y requerimientos que nos solicitará el Ayuntamiento. En las actividades inocuas se permite empezar la actividad con la presentación de una declaración responsable de cumplimiento de la normativa, aunque después el Ayuntamiento realice la consiguiente inspección de comprobación.

Si vamos a realizar algún tipo de obra de acondicionamiento del local o establecimiento, deberemos solicitar la correspondiente **licencia de obra.** El coste, los trámites y los requerimientos para obtener la Licencia de Apertura o la Licencia de Obra dependerá de cada ayuntamiento.

Alta organismos de trabajo

Debes comunicar la apertura, modificación y/o ampliación de un centro de trabajo en el departamento correspondiente en tu Comunidad Autónoma, normalmente en la Consejería de Empleo o Trabajo, tienes un plazo de 30 días.

> ⚠ **IMPORTANTE**
>
> *Desaparece, desde septiembre de 2016, la obligación de crear y mantener un libro de visitas para las inspecciones de la Seguridad Social.*

Facturar como autónomo

¿Cómo debe hacer las facturas un autónomo?

Como autónomo estás obligado a emitir facturas, o un justificante válido, por las operaciones que realizas en tu actividad, bien sean de venta de productos o de prestación de servicios. Estás facturas, al igual que las recibidas, deberán ser conservadas durante 4 años.

La factura, para ser válida, deberá contar con los siguientes datos:

1. **Número de factura:** deben ser correlativas y pueden pertenecer a diferentes series.

2. **Fecha factura:** fecha en la que se emite la factura.

3. **Denominación completa de ambas partes:** nombre y apellidos o razón social tanto del emisor como del receptor.

4. **Número identificación fiscal:** de ambas partes, en el caso del autónomo es su propio número del DNI.

5. **Domicilio:** datos del domicilio de ambas partes.

6. **Descripción de la operación:** producto o servicio con el precio unitario sin impuestos. Toda la información necesaria para obtener la base imponible.

7. **IVA y retención:** debemos reflejar el tipo de IVA y de Retención si procede, así como las cantidades resultantes a tributar/retener.

8. **Importe total a pagar:** suma de base imponible e IVA, menos retención.

Las facturas o documentos justificativos se expedirán en el momento de realizar las operaciones correspondientes con un plazo máximo de un mes y siempre antes del 16 del mes siguiente al periodo de liquidación de impuestos.

👁 **¡OJO!**

Desde el 1 de enero de 2013 el *ticket* no se acepta como documento contable justificativo de un gasto y debe ser sustituido por la factura simplificada.

Los autónomos pueden emitir facturas simplificadas en todos los casos cuando las operaciones no superen los 400 € IVA incluido. Para algunas actividades específicas la cantidad puede aumentar hasta los 3 000 € IVA incluido.

⚠ **IMPORTANTE**

Las facturas simplificadas deberán contar con los mismos datos que una factura completa con la excepción, en algunos casos, de los datos identificativos del receptor de la factura y el IVA desglosado.

Gastos deducibles

¿Qué gastos se puede deducir el autónomo?

Para que un gasto pueda ser deducible, Hacienda nos pide que cumpla tres requisitos fundamentales:

1. **Deben estar vinculados a la actividad:** los gastos que el autónomo se deduzca deben estar afectos a la actividad, deben ser necesarios para la realización de la misma.

2. **Deben estar justificados convenientemente:** con facturas, aunque para algunos gastos concretos se permite sin este documento, como en el caso de los seguros.

3. **Deben estar registrados contablemente:** en la contabilidad del autónomo.

El criterio más subjetivo es el primero, ya que Hacienda puede pedirnos justificación de que un gasto concreto es realmente para el desarrollo de la actividad y no para la vida privada del autónomo. Por ejemplo con el teléfono móvil, la gasolina del coche, etc.

> 👁️ **¡OJO!**
>
> Los *tickets* y las facturas simplificadas donde no se identifique quien realizó el gasto no son fiscalmente deducibles.

> **☞ CONSEJO**
>
> *Es importante que lleves un registro de los gastos deducibles con la justificación de los mismos, así, en caso de inspección podrás demostrar la relación del gasto con tu actividad.*

Los gastos que Hacienda considera deducibles para los autónomos son los siguientes:

- **Consumos de explotación:** compra de mercancías, materias primas, material de oficina... Consumo = Existencias iniciales + Compras – Existencias finales.
- **Sueldos y salarios:** pago de sueldo a trabajadores y todo lo que puede conllevar dietas, retribuciones en especie, etc.
- **Seguridad Social:** la cuota del autónomo en todos los casos y las cotizaciones derivadas de la contratación de personal si este fuese el caso.
- **Otros gastos de personal:** formación, seguros de accidentes laborales, contribuciones a planes de pensiones, etc.
- **Arrendamientos y cánones:** alquileres, servicios de asistencia técnica, cánones, etc.
- **Reparaciones y conservación:** mantenimiento, repuestos, rehabilitación de bienes, pero nunca una ampliación o mejora ya que esto son inversiones amortizables en varios años.
- **Servicios de profesionales independientes:** abogados, notarios, gestores, etc.
- **Otros servicios exteriores:** I+D, servicios bancarios, primas de seguros, transportes, publicidad, suministros de electricidad, agua,...

- **Tributos fiscalmente deducibles:** el impuesto de bienes inmuebles IBI o el impuesto de actividades económicas IAE, entre otros. Ni los recargos de apremio ni las sanciones serán deducibles.
- **IVA soportado:** solo si no es desgravable en la declaración del IVA, como sucede en las actividades exentas de IVA y algunas actividades en regímenes especiales (recargo de equivalencia, agricultura, ganadería y pesca).
- **Gastos financieros:** intereses de préstamos y créditos, intereses de demora de aplazamientos de los pagos a Hacienda, recargos por aplazamientos de deudas, etc.
- **Amortizaciones:** por deterioro o depreciación de inversiones de inmovilizado material.
- **Pérdidas por deterioro** del valor de elementos patrimoniales.
- **Otros gastos deducibles:** compra de libros, suscripción a revistas profesionales, asistencia a congresos o cursos, cuotas de asociaciones empresariales, etc.
- **Gastos de difícil justificación:** con un tope anual de 2 000 euros en estimación directa simplificada del 5 % del importe del rendimiento neto previo.
- **Provisiones fiscalmente deducibles:** solo para autónomos en estimación directa no simplificada podrán desgravar los gastos asociados a las devoluciones de ventas y a las facturas no cobradas.

Al igual que hay gastos deducibles para el autónomo, existen otros gastos que NO son deducibles:

- Multas y sanciones.
- Donativos.

- Pérdidas en el juego.
- Gastos de personas residentes en paraísos fiscales.
- IVA soportado que sea deducible en la declaración del IVA.

Existen también gastos considerados "especiales" por la dificultad de justificar su vinculación con la actividad y en los que Hacienda cada vez es más exigente en su justificación:

- **Oficina en una vivienda:** si alquilas o compras un local u oficina para tu actividad, deberás comunicárselo a Hacienda indicando el porcentaje dedicado a la actividad. Los gastos vinculados a la vivienda se podrán deducir en el mismo porcentaje.
  Si el domicilio es alquilado, Hacienda te pedirá un contrato y una factura de alquiler diferenciada para la actividad, que deberá ir con IVA. Esto suele ser un problema ya que obliga al arrendador a declarar e ingresar IVA trimestralmente.

- **Teléfono móvil:** la Ley de Reformas Urgentes de los Autónomos permite la deducción de hasta el 20 % de los gastos de telefonía. Si tienes dos líneas, la particular y la profesional podrás imputar el 100 % de la factura profesional.

- **Vestuario y uniforme:** solo se permite gasto en ropa de trabajo, o prendas con el logo de la organización. En el caso de los artistas permite alguna deducción mayor.

- **Gastos de viajes y comidas profesionales:** el autónomo puede deducirse los gastos de desplazamiento como el avión, el tren, barco, etc. así como hoteles y manutención durante el viaje, eso sí, deberá acreditarse el carácter profesional del viaje, es probable que Hacienda no acepte un viaje en fin de semana si este no está perfectamente acreditado.

Es importante que lleves una agenda con la justificación de las comidas profesionales y los viajes, así, ante una posible inspección podrás justificar los gastos.

⚠ **IMPORTANTE**

La Ley de Reformas Urgentes del Trabajo Autónomo permitía la deducción de 26,67 € al día por gastos de manutención. La realidad es que ha resultado prácticamente imposible poder deducirse la manutención.

- **Vehículo particular en uso profesional:** solo se admite la deducción del vehículo particular y los gastos del mismo a los autónomos en el epígrafe de transporte de viajeros, mercancías, actividades comerciales y enseñanza de conductores.

⚠ **IMPORTANTE**

El resto de los autónomos no podrán deducirse ni el vehículo ni los gastos del mismo, y solo un 50 % del IVA.

Contratación de personal

¿Cómo puede un autónomo contratar personal para su negocio?

Los autónomos que así lo deseen pueden contratar empleados para trabajar en su actividad o negocio, de la misma forma que lo haría una sociedad.

Los pasos a seguir son los siguientes:

1. **Código de Cuenta de Cotización**: si es la primera vez que contratamos o estamos abriendo un nuevo centro de trabajo en otra provincia o necesitamos hacer una contratación con cotizaciones especiales (formación o prácticas), deberemos solicitar el CCC.

⚠️ **IMPORTANTE**

El Código de Cuenta de Cotización identifica al empresario en la Seguridad Social y la solicitud se realiza mediante el modelo TA.6 y el TA.7.

👁 **¡OJO!**

Las variaciones de domicilio, actividad económica, denominación, deberán ser comunicadas mediante el modelo TA.7 en el plazo de seis días naturales.

2. **Afiliación SS de los trabajadores:** si el trabajador no está afiliado a la SS, nunca antes trabajó, es obligación del empresario realizar el trámite administrativo de afiliación del trabajador y la obtención del Número de Seguridad social del mismo.

⚠️ **IMPORTANTE**

La solicitud de afiliación se realiza mediante el modelo TA.1 en la Dirección Provincial de la Tesorería de la Seguridad Social que corresponda.

3. **Altas y bajas:** todos los procesos de alta y baja de trabajadores así como las variaciones de los datos deberán ser comunicados a la Seguridad Social. Las comunicaciones de alta deberán ser previas al inicio de la relación laboral y podrán tener un máximo de 60 días de antelación. Las bajas y variación de datos deberán ser presentadas en 3 días naturales desde que se producen mediante el **modelo TA.2/S.**

👁️ **¡OJO!**

Es obligatorio la realización de estos trámites de manera telemática con el sistema Red Directo que puede gestionar el propio autónomo o delegarlo en una asesoría laboral.

4. **Registro contratos de trabajo:** una vez realizada la contratación del trabajador tendrás un plazo de 10 días para registrar el contrato en el **SEPE, Servicio de Empleo Público Estatal.**

👁 ¡OJO!

Es obligatorio realizarlo de manera telemática mediante el servicio Contrata del SEPE.

5. **Pago de cotizaciones:** el empresario autónomo es el responsable de ingresar la cotización de sus trabajadores en la Seguridad Social. La parte de la cotización correspondiente al trabajador será descontada del salario del mismo en el momento de la liquidación.

⚠ **IMPORTANTE**

Se deberán presentar el TC1, boletín de cotización y el TC2, relación nominal de trabajadores de manera telemática por el sistema Red Directo.

👁 ¡OJO!

La cotización completa, trabajador y empresa, será ingresada dentro del mes siguiente de su devengo.

◁ **NOVEDAD:** desde el 2014 se va implantando de manera progresiva el Sistema Cret@ donde es el propio sistema quien calcula el total de la cotización y la liquidación correspondiente facilitando un borrador para ser aceptado por el empresario.

Para calcular las cotizaciones, o cuotas, a liquidar en la Seguridad Social deberás conocer la base de cotización para el trabajador y aplicar los tipos de cotización correspondientes para cada concepto.

Los conceptos son: contingencias comunes, accidentes de trabajo y enfermedades profesionales, desempleo, fondo de garantía salarial y formación profesional. La cuota irá desde un 35 % a un 42 % del bruto salarial y dependerá de la actividad y del tipo de contrato.

CONTINGENCIAS SEGURIDAD SOCIAL			
CONCEPTO	EMPRESA	TRABAJADOR	TOTAL
Contingencias comunes	23,60	4,70	28,30
Accidentes de trabajo y enfermedades profesionales	Consultar tarifas de cotización para cada actividad	No cotiza	–

OTROS CONCEPTOS RECAUDACIÓN CONJUNTA				
	CONCEPTO	EMPRESA	TRABAJADOR	TOTAL
DESEMPLEO	Tipo general	5,50	1,55	7,05
	Contratación duración determinada tiempo completo	6,70	1,60	8,30
	Contratación duración determinada tiempo parcial	7,70	1,60	9,30
Fondo de garantía salarial		0,20	No cotiza	0,20
Formación profesional		0,60	0,10	0,70

COTIZACIÓN ADICIONAL HORAS EXTRAS				
	CONCEPTO	EMPRESA	TRABAJADOR	TOTAL
Cotización adicional horas extraordinarias	Horas extraordinarias fuerza mayor	12,00	2,00	14,00
	Resto horas extraordinarias	23,60	4,70	28,30

El contrato de trabajo

Para contratar el autónomo deberá firmar un contrato de trabajo con su empleado, y en la mayoría de los casos deberá ser por escrito.

Si no se realiza por escrito el contrato podrá ser considerado por tiempo indefinido y a jornada completa al no haber prueba que demuestre su carácter temporal o su jornada parcial. Un contrato de trabajo debe recoger la siguiente información:

- Identidad de las partes (autónomo y trabajador).
- Fecha comienzo relación laboral.
- Si es una relación temporal la duración prevista.
- Domicilio social del autónomo y centro de trabajo.
- Categoría o grupo profesional del puesto de trabajo.
- Salario base inicial y complementos salariales.
- Duración y distribución de la jornada de trabajo.
- Duración vacaciones y modo de aplicación.
- Plazos de preaviso.
- Convenio colectivo aplicable.

+INFO

GuíaBurros: Contratación Laboral

El convenio colectivo

Los **convenios colectivos** son acuerdos que subscriben los empresarios y los representantes de los trabajadores para fijar las condiciones de trabajo y productividad de un sector o de una empresa determinada.

En los convenios colectivos se recogen los derechos y obligaciones de los trabajadores en cada sector, eso sí, la norma principal es el **Estatuto de los Trabajadores.**

Estos convenios se publican en el Boletín Oficial del Estado, si son de carácter nacional, o en el Boletín Oficial de la Comunidad Autónoma o de la provincia según corresponda. Existen convenios nacionales, autonómicos, provinciales y locales.

Al contratar a un trabajador el autónomo deberá aplicar el convenio colectivo del sector por su ubicación geográfica y por su actividad, si no existe uno específico para la actividad que desarrolla el autónomo deberá adoptar un convenio de análogas condiciones económicas y sociales.

⚠ **IMPORTANTE**

El convenio colectivo a aplicar deberá indicarse en las claúsulas del contrato.

Desempleo del autónomo

¿Tienen los autónomos derecho a paro?

Los autónomos cuentan con la prestación por cese de actividad, conocida comúnmente como el paro del autónomo.

⚖ *Ley 32/2010, publicada en BOE 6 de agosto de 2010.*

Los requisitos para tener derecho a la prestación por cese de actividad son:

- Estar afiliado y de alta en el RETA.
- Tener cubierto el periodo mínimo de cotización por cese de actividad, 48 meses anteriores al cese.
- Situación legal de cese de actividad.
- No tener edad de jubilación.
- Estar al corriente de pago de las cuotas a la SS.
- Autónomos que pierdan su licencia de actividad por infracción penal NO tendrán derecho a la prestación.

La cotización para la prestación por cese de actividad supone un 0,7 % de incremento en la cotización, aunque actualmente, la mayoría de los autónomos la tiene como obligatoria.

La duración de la prestación dependerá de los periodos de cotización.

AUTÓNOMOS HASTA 60 AÑOS	
De 12 a 17 meses	4 meses
De 18 a 23 meses	6 meses
De 24 a 29 meses	8 meses
De 30 a 35 meses	10 meses
De 36 a 42 meses	12 meses
De 43 a 47 meses	16 meses
De 48 en adelante	24 meses

El importe a percibir será del 70 % de la base reguladora, que es el promedio de las bases por la que se ha cotizado en los doce meses anteriores al cese de la actividad.

Las causas admitidas para el cese de actividad son:

1. Pérdidas en la actividad, 10 % de pérdidas, 40 % de ingresos deban ser destinados a ejecuciones judiciales o por declaración judicial de concurso.
2. Fuerza mayor.
3. Por pérdida de la licencia administrativa.
4. Violencia de género.
5. Divorcio o separación matrimonial.

En el caso de los autónomos TRADE:

1. Finalización del contrato.
2. Incumplimiento grave del cliente.
3. Rescisión de contrato por parte del cliente.
4. Muerte, incapacidad temporal o jubilación del cliente.

⚠ **IMPORTANTE**

La prestación por cese de actividad debe solicitarse en la Mutua de Accidentes de Trabajo y Enfermedades Profesionales con la que tenga la protección por contingencias profesionales.

Baja laboral del autónomo

Incapacidad temporal

La IT, incapacidad temporal, es una baja que impide a un autónomo trabajar durante un tiempo y que puede deberse a una enfermedad común (fuera del trabajo), una enfermedad profesional (contraída en el trabajo) o a un accidente (sea o no laboral). Esta prestación puede ser de hasta **doce meses y prorrogables a seis meses más.**

> **ⓘ DATO**
>
> También existe la prestación por incapacidad permanente, baja que impide al trabajador autónomo seguir trabajando de manera parcial o completa. No cubre las contingencias comunes (ocasionados fuera del trabajo).

La prestación se obtiene aplicando un porcentaje a la base de cotización del trabajador autónomo correspondiente al mes anterior a la baja y dividida entre treinta.

ENFERMEDAD COMÚN Y ACCIDENTE NO LABORAL	60 % del día 4 al 20 de la baja
	75 % a partir del día 21
ENFERMEDAD PROFESIONAL O ACCIDENTE DE TRABAJO	75 % desde el día después de la baja

👁 ¡OJO!

Deberás seguir cotizando durante el periodo de IT.

⚠ **IMPORTANTE**

Si se produce un cese de actividad estando en estado de incapacidad temporal, el autónomo podrá continuar percibiendo la prestación por IT.

Jubilación del autónomo

Prestaciones y requisitos

Es cierto que, por regla general, las pensiones de los autónomos son inferiores a la media de las pensiones de los trabajadores por cuenta ajena.

Sin embargo, esto no es achacable a las condiciones de jubilación, si no a la cotización mínima que se suele realizar por parte de los autónomos, menos cotización, pensiones más reducidas.

Las condiciones de jubilación de los autónomos se calculan con las mismas normas que aplican para los trabajadores por cuenta ajena.

Edad de jubilación

Si se ha alcanzado la carrera laboral completa, 38 años y medio, la edad de jubilación será a partir de los 65 años, si no, vendrá determinada por la siguiente tabla:

DURANTE EL AÑO	EDAD DE JUBILACIÓN
2017	65 años y 5 meses
2018	65 años y 6 meses
2019	65 años y 8 meses
2020	65 años y 10 meses
2021	66 años
2022	66 años y 2 meses
2023	66 años y 4 meses
2024	66 años y 6 meses
2025	66 años y 8 meses
2026	66 años y 10 meses
A partir de 2027	67 años

Pensión

Será directamente proporcional a la cantidad cotizada a la Seguridad Social y el número de años cotizados. El cálculo evoluciona desde el 50 % de la base reguladora a los 15 años, hasta el 100 % a los 37 años.

ESCALA DE CÁLCULO PARA ACCEDER AL 100 % DE LA BASE REGULADORA DE LA PENSIÓN	
REFERENCIA TEMPORAL	ESCALA DE CÁLCULO POR MESES DE COTIZACIÓN
De 2013 a 2019	Entre el 1 y el 163: el 0,21 % 83 meses siguientes: el 0,19 %
De 2020 a 2022	Entre el 1 y el 106: el 0,21 % 146 meses siguientes: el 0,19 %
De 2023 a 2026	Entre el 1 y el 49: el 0,21 % 209 meses siguientes: el 0,19 %

Periodo de cómputo

En el 2017 el periodo de cómputo ya es de 20 años y se incrementa progresivamente según la siguiente tabla:

ELEVACIÓN DEL PERIODO MÍNIMO DE COTIZACIÓN	
DURANTE EL AÑO	TIEMPO COMPUTADO
2017	240 meses (20 años)
2018	252 meses (21 años)
2019	264 meses (22 años)
2020	276 meses (23 años)
2021	288 meses (24 años)
A partir de 2022	300 meses (25 años)

¿Cómo conseguir la jubilación máxima?

Si quieres conseguir la jubilación máxima siendo autónomo no puedes cotizar por el mínimo durante toda tu vida laboral, de hecho, los cálculos realizados para conseguir la jubilación máxima nos obligan a cotizaciones de entre 500 y 600 € a partir de los 42 años y una cotización ininterrumpida desde los 30.

Prolongación de la vida laboral

Para los trabajadores que decidan posponer su jubilación por encima de la edad legal podrán incrementar la jubilación a percibir por cada año adicional trabajado:

CARRERA PROFESIONAL	COEFICIENTE ANUAL
Inferiores a 25 años	2%
Entre 25 y 37 años	2,75%
Completa a partir de los 65 o 67 años de edad	4%

Jubilación anticipada

Los autónomos, como los trabajadores por cuenta ajena, podrán jubilarse a partir de los 63 años y cinco meses si cuentan con 35 años cotizados.

¡OJO!

Esta jubilación anticipada irá aumentando de manera progresiva hasta llegar a los 65 en el 2027. Siempre dos años antes de la edad de jubilación legal.

COEFICIENTES REDUCTORES	
Hasta 38 años y 6 meses cotizados	8%
Entre 38 años y 6 meses y menos de 41 años y 6 meses	7,5%
Entre 41 años y 6 meses cotizados y menos de 44 años y 6 meses	6,8%
Hayan cotizado igual o más de 44 años y 6 meses	6,5%

Compatibilidad de la pensión con actividad por cuenta propia

⚖️ *Ley: Real Decreto-ley 5/2013, de 15 de marzo.*

Se permite compatibilizar el cobro de la pensión, actualmente el 50 % de la misma, con una actividad por cuenta propia, considerándose al mismo **Pensionista Activo.**

⚠️ **IMPORTANTE**

Al finalizar la actividad por cuenta propia el trabajador percibirá el 100 % de la pensión a la que tenía derecho en el momento de la jubilación.

◁ **NOVEDAD:** La *Ley de Reformas Urgentes del Trabajo Autónomo* permite percibir el 100 % de la pensión si tiene un trabajador contratado.

Otras prestaciones del autónomo

Asistencia sanitaria, paternidad, y maternidad

Asistencia Sanitaria

La Seguridad Social reconoce para el autónomo, **las MISMAS** prestaciones y condiciones que para los trabajadores en el Régimen General, trabajadores por cuenta ajena. Asistencia sanitaria por maternidad, enfermedades comunes y profesionales y accidentes, sean o no de trabajo están cubiertos por la Seguridad Social.

◄ **NOVEDAD:** La *Ley de Reformas Urgentes del Trabajo Autónomos* añade la cobertura por los accidentes de trabajo que sufran al desplazarse con su vehículo en el ejercicio de su actividad, incluidos los viajes que realicen entre su casa y su trabajo.

Prestación por maternidad

La Seguridad Social reconoce para el autónomo, las mismas prestaciones y condiciones por maternidad que para los trabajadores en el Régimen General, trabajadores por cuenta ajena, pero con algunas particularidades.

Derecho a una baja por descanso por maternidad, adopción, acogimiento o tutela de un familiar siempre y cuando esté de alta y al corriente de pago de las cuotas, además, deberá contar con un periodo mínimo de cotización que varía según la edad:

- **Menores de 21 años:** ningún periodo.
- **Entre 21-26 años:** mínimo de 90 días en los 7 años anteriores o 180 días cotizados en su vida laboral.
- **Mayores de 26 años:** mínimo de 180 días en los 7 años anteriores o 360 días cotizados en su vida laboral.

La prestación a recibir será el 100 % de la base reguladora, la misma que en la incapacidad temporal para contingencias comunes, y tendrá una duración de 16 semanas ininterrumpidas, pudiendo transferir el derecho al otro progenitor de un máximo de 10 semanas, considerándose las 6 primeras de descanso obligatorio para la madres.

⚠ **IMPORTANTE**

Si planificas tu baja con antelación puede interesarte cotizar un poco más para garantizarte una prestación superior durante tu baja por maternidad.

👁 **¡OJO!**

Si contratas a una persona sustituta para realizar tu trabajo y lo haces conforme a los contratos de interinidad con desempleados, tendrás derecho a una bonificación TOTAL de las cuotas empresariales de la Seguridad Social.

◀ **NOVEDAD:** La *Ley de Reformas Urgentes de los trabajadores Autónomos* bonifica al 100 % de la cuota de la seguridad social con independencia de tener un trabajador interino contratado.

Prestación por paternidad

La Seguridad Social reconoce para el autónomo, las mismas prestaciones y condiciones por paternidad que para los trabajadores en el Régimen General, trabajadores por cuenta ajena. Los requisitos son estar afiliado, en alta, al corriente de pago de las cuotas y tener un periodo mínimo de cotización de 180 días en los 7 años anteriores o 360 días a lo largo de la vida laboral.

La duración de la prestación se equipara a la de la baja por maternidad, 16 semanas.

Prestación por riesgo durante el embarazo

Prestación económica para aquellas autónomas embarazadas que vean interrumpida su actividad profesional por riesgo para su salud o el feto.

La prestación es del 100 % de la base reguladora y comienza el mismo día que es expedido el certificado médico necesario. Concluirá cuando el trabajador autónomo se reincorpore o hasta el inicio del permiso por maternidad.

El plazo es de 15 días para informar de la imposibilidad de realizar una actividad profesional alternativa. En el caso de los TRADE, autónomos económicamente dependientes, deberá ser el cliente quien lo comunique.

La gestión y el pago lo realizará la entidad gestora o la mutua con la que trabaje.

Baja como autónomo

¿Qué debo tener en cuenta para darme de baja como autónomo?

Para realizar tu baja como autónomo deberás tramitarla en Hacienda y Seguridad Social de manera separada.

SEGURIDAD SOCIAL
MODELO
TA.0521
PLAZO
30 días desde el cese o la cancelación efectiva de los asientos en el Registro Oficial correspondiente.
PRESENTACIÓN
Si cuentas con el certificado digital, solo tendrás que navegar a la página y acceder a la opción del menú **"Baja autónomo"**. Si no tienes certificado deberás acudir a una sede de la Tesorería General de la Seguridad Social (TGSS).

🔊 **NOVEDAD:** Con la *Ley de Reformas Urgentes de los trabajadores Autónomos,* se pagará en función de los días reales de alta y no el mes completo como hasta ahora.

HACIENDA

MODELO

036 / 037

PLAZO

30 días desde el cese o la cancelación efectiva de los asientos en el Registro Oficial correspondiente.

PRESENTACIÓN

Si cuentas con el certificado digital, solo tendrás que navegar a la página y acceder a la opción del menú **"Baja autónomo"**. Si no tienes certificado deberás acudir a una sede de la Tesorería General de la Seguridad Social (TGSS).

⚠ **IMPORTANTE**

Aunque tramites la baja en Hacienda mantendrás las obligaciones trimestrales pendientes y las anuales si has tenido actividad aunque solo sea un día del periodo.

💡 **CONSEJO**

Guarda todas las facturas, justificantes, libro de IVA y libros de inversión al menos 4 años.

EDITATUM

Libros para crecer

www.editatum.com

www.ingramcontent.com/pod-product-compliance
Lightning Source LLC
Chambersburg PA
CBHW031209270326
41931CB00006B/489